T0284208

LA MAGIA DE LA
Bruja Moderna

Hechizos, Conjuros y Rituales para
Lograr tus Deseos

DESCARGA
GRATIS
CON ESTE
CÓDIGO
en la web www.editorialsirio.com/descargas

MAGIAP29

TE ENVIAREMOS UNAS PÁGINAS DE
LECTURA MUY INTERESANTES

Promoción no permanente. La descarga de material
de lectura solo estará disponible si se suscriben a
nuestro boletín de noticias. La baja del mismo puede
hacerse en cualquier momento.

Diseño de portada: Editorial Sirio, S.A.
Maquetación: Toñi F. Castellón

©   de la edición original
2023 Montse Osuna

©   de las ilustraciones de las páginas 110, 112, 114, 121, 132, 135, 139, 143, 145, 148, 156, 168, 175, 179, 182, 199 y 210 de Miquel Zueras

©   de las ilustraciones de las páginas 38, 84, 104 y 226 de Airis Hierro Gaza
@la.il.lusoria

©   de la presente edición
EDITORIAL SIRIO, S.A.
C/ Rosa de los Vientos, 64
Pol. Ind. El Viso
29006-Málaga
España

www.editorialsirio.com
sirio@editorialsirio.com

I.S.B.N.: 978-84-19105-63-9
Depósito Legal: MA-1870-2022

Impreso en Imagraf Impresores, S. A.
c/ Nabucco, 14 D - Pol. Alameda
29006 - Málaga

Impreso en España

Puedes seguirnos en Facebook, Twitter, YouTube e Instagram.

El papel utilizado para la impresión de este libro está **libre de cloro** elemental (ECF) y su procedencia está certificada por una entidad independiente, no gubernamental, que promueve la sostenibilidad de los bosques.

MONTSE OSUNA

LA MAGIA DE LA
Bruja Moderna

Hechizos, Conjuros y Rituales para
Lograr tus Deseos

EDITORIAL
SIRIO

Índice

INTRODUCCIÓN

El universo y nuestro destino

En este nuevo siglo y milenio, quizá haya llegado el momento de reivindicar el buen nombre de la brujería. Todos y todas deberíamos ser conscientes de que la magia forma parte de la naturaleza y de la vida misma, que se manifiesta a cada paso, y que debemos saber reconocer y utilizar en nuestro favor.

Si nos remontamos a los tiempos más ancestrales, podremos comprobar que la brujería siempre ha existido y ha servido para ayudar a las personas, protegerlas del mal y liberar sus energías ocultas. Su antiguo prestigio ha ido perdiéndose por diversas causas, entre ellas la «leyenda negra» sobre las brujas medievales, los prejuicios, la ignorancia, y la negación intencionada de su verdadero poder benéfico.

Como decía en *El manual de la bruja moderna* (Sirio, 2020): «En la actualidad la brujería atraviesa un momento de gran influencia y reconocimiento. De gran influencia, porque la entrada del cambio de milenio despierta nuevas fuerzas astrales y pone en tensión las energías positivas y negativas que intentan dominar la nueva era. De reconocimiento, porque cada vez hay más gente que va comprendiendo y aceptando que existen muchas personas que pueden prever y orientar la dirección de esas fuerzas, realizar acciones que las dominen en sentido favorable, y ayudar decisivamente a que cada uno pueda obtener sus metas de felicidad, de éxito y de bienestar consigo mismo y con los demás». Y ese es el verdadero objetivo y la razón de ser de la magia y la brujería: que todos y todas podamos vivir con mayor felicidad y plenitud, a salvo de las fuerzas malignas e impulsados por el amor y la alegría.

Sabemos que el bien y el mal son los extremos de una misma manifestación cósmica, y que somos responsables de inclinar la balanza hacia un lado u otro. Y si cada uno de nosotros se pregunta hacia qué lado quiero inclinar mi balanza, sin duda todos responderemos en favor del bien. Pero demasiado a menudo las cosas van mal, y no sabemos explicarnos por qué. Quizá porque no hemos comprendido esa responsabilidad que nos hace partícipes de las fuerzas del universo y forjadores de nuestro propio destino. Solo aprovechando el poder de la magia protectora y la fuerza de la magia liberadora, podremos inclinar en todo momento la balanza hacia nuestro propio bien y hacia el de los que nos rodean. En estas páginas explico mis experiencias y consejos para alcanzar ese dominio mágico. Sé que pueden ser muy útiles, y espero que lo sean para todo aquel que lea este libro. Porque esa es la finalidad de mi labor como «bruja moderna».

TIEMPO DE CONFUSIÓN

Basta leer la prensa o escuchar las noticias para comprender que esta época está marcada por la confusión de las ideas y valores que forman la sabiduría ancestral de la humanidad. Siempre ha sido así en cada cambio de milenio, porque las fuerzas que mueven el cosmos se reacomodan y renuevan, transmitiendo impulsos de caos y de furia al espíritu colectivo de los seres humanos.

Y no se trata solo de las guerras, el hambre, la desigualdad, las injusticias y los crímenes que se reproducen cada día y por todas partes, también en nuestro universo personal, en nuestra vida cotidiana, reinan a menudo el caos y la confusión. Amores que se marchitan, padres e hijos que no se entienden, matrimonios que se deshacen, peleas y violencias familiares, pérdida de empleos, dificultades para estudiar o para encontrar trabajo, y muchas otras penurias a las que no sabemos hallar remedio. La soledad, la depresión y la angustia se apoderan de nuestra alma y de nuestra mente. Sentimos que no podemos salir, que no podemos avanzar, que no tenemos fuerzas ni encontramos ayuda. Sin embargo, hay algo que puede protegernos para que podamos liberarnos; algo natural, fuerte, bueno y a nuestro alcance: la magia.

Porque la magia es, simplemente, el otro nombre de la sabiduría. La expresión de aquel conocimiento ancestral que creció con las antiguas civilizaciones, de una ciencia milenaria infundida por el cosmos a nuestros antepasados, a los hombres y mujeres que tuvieron el poder de ordenar el caos, de difundir el bien, de crear los valores de creatividad y solidaridad que dignifican al ser humano.

LA CASA EN RUINAS

Todos los seres humanos hemos nacido y crecido en una gran casa común: la Tierra. Su luz, su calor, su fertilidad, sus aguas y su atmósfera son las fuentes de la vida, tal como lo dispuso la gran energía universal. En este nuevo milenio nuestro planeta, nuestra Madre Tierra, se ve también amenazada por el caos, que puede llegar a destruirla. Nosotros mismos colaboramos en esa destrucción, y aunque algunos intentemos protegerla, no es suficiente. Debemos trabajar unidos, con todas nuestras fuerzas y con las fuerzas que nos da el universo, en favor de todos los seres vivos y del planeta que los acoge.

Estamos viendo a un planeta que sufre, a una Tierra angustiada y enferma por las agresiones externas e internas. Los terremotos arrasan pueblos enteros, las sequías destruyen los cultivos, los incendios consumen los bosques, viejas y nuevas epidemias se extienden entre las gentes, la torpeza desaprensiva de nuestra civilización intoxica y contamina el aire y el agua que nos dan la vida.

El mal ha tomado ya su posición, y nuestro espíritu y el de la Tierra están pidiendo liberarse de él. Usemos la fuerza de la magia benéfica, trabajemos unidos en la luz y para la luz, arrojemos fuera las tinieblas. Recuperemos la sabiduría que ilumine un nuevo horizonte, porque si la Tierra llora, lloraremos nosotros también. No hay magia egoísta, porque nadie se protege ni se libera solo. Por el contrario, debemos pasar de la soledad que nos aísla al amor que nos une con el resto de la humanidad, de los seres vivos, del planeta que es nuestra casa común. Y conseguirlo, os lo aseguro, es cosa de magia.

MAGIA PARA EL TERCER MILENIO

A medida que los científicos avanzan en el conocimiento del universo, se acercan cada vez más a la sabiduría ancestral de los antiguos magos y astrólogos. Hoy sabemos que el espacio cósmico está recorrido por infinidad de ondas y vibraciones de todo tipo, que la masa de los astros produce fuerzas de atracción irresistibles, que las explosiones de estrellas emiten poderosas radiaciones, y que todo el universo es en realidad un incesante intercambio de energía. Sabemos también que las estrellas nacen, crecen, envejecen y mueren, como los seres vivos; que los astros pueden encenderse o apagarse; que existen en el cosmos, misteriosos «agujeros negros» en los que todo desaparece

LA MAGIA DE LA Bruja Moderna

para siempre, y que al mundo material se opone la «antimateria», como la imagen de un espejo en el que quizá algún día podremos mirarnos.

Si a eso añadimos que nuestro tiempo solo vale aquí en la Tierra, y que hay otros tiempos y otras dimensiones fuera de ella, veremos que todas estas brillantes teorías y estos descubrimientos de la ciencia estaban ya enunciados por los sabios de la Antigüedad, aunque a veces con otras palabras. La influencia de los otros astros sobre nuestro planeta, la presencia de energías y vibraciones de distinto signo, la carga energética que tienen los objetos, los animales y las propias personas; la interrelación entre todas esas energías y su unión en una Gran Fuerza Universal que ha recibido distintos nombres según las culturas y las religiones.

La relación entre nuestras vibraciones personales y las del resto de las energías del cosmos es lo que va dibujando cada día nuestro destino. Existen vibraciones positivas o negativas, y también otras ambivalentes o neutras. Lo que aquí llamamos «magia» o «brujería» es el arte de utilizar todas las vibraciones energéticas a nuestro alcance para protegernos del mal y alcanzar el bienestar y la felicidad.

Algunas de esas energías, malas o buenas, provienen de los astros, del espacio interestelar, o incluso son ondas residuales del pasado del universo. Otras provienen de la Tierra, de sus minerales y plantas, de los seres vivos, de sus mares y océanos, de sus nubes y fenómenos climáticos.

También los movimientos de rotación y traslación del planeta producen diversos momentos astrales, algunos de ellos con una gran carga energética, que debemos saber aprovechar. Todas estas vibraciones cargan también a las cosas, los edificios, los espacios urbanos y los objetos de uso cotidiano. ¿Quién no ha oído hablar de casas embrujadas, de esquinas de mala suerte, de pulseras curativas o de talismanes protectores?

Una de las fuentes más importantes de las vibraciones que influyen en nuestro destino son las personas que nos rodean o que conocemos. Todos nos hemos sentido atraídos por alguien a primera vista, sin saber exactamente por qué, y también sentido aversión o rechazo por alguien que acabamos de conocer, sin ningún motivo aparente. Es porque las respectivas vibraciones se atraen o se rechazan, o pueden haberse atraído o rechazado en vidas anteriores. Porque la energía del universo no tiene tiempo ni lugar, pero sí memoria. Una memoria infinita que se nos oculta al renacer a una nueva vida, pero que permanece latente en las vibraciones de nuestro inconsciente.

LA MAGIA Y LAS VIBRACIONES

La magia ha consistido siempre en el poder de dominar ese universo de vibraciones, para obtener un fin determinado. Y según las épocas y lugares se han dado diversas explicaciones y utilizado los más variados medios y recursos. Rituales, encantamientos, hechizos, amuletos, conjuros, talismanes, brebajes, cábalas, pases de manos, sacrificios, abracadabras, danzas, oraciones, pócimas, joyas, esferas, minerales, plantas, y un buen número de animales nocturnos, como lechuzas, gatos negros, alimañas o murciélagos. También han sido importantes los signos, las vestiduras, los gorros o bonetes, los mantos, los anillos y, no debemos olvidarlas, las escobas.

Pero el poder mágico no estaba en esos medios en sí mismos, sino en las vibraciones que emitían, y que los brujos y brujas sabían desatar y manejar para realizar sus hechizos. También eran expertos en elegir los momentos y lugares más apropiados, por ejemplo las noches de luna llena o el equinoccio de primavera, un bosque cerrado o la cima de un monte. Es decir, buscaban el sitio y la hora en que se concentraban determinadas vibraciones, y utilizaban sus propios conocimientos para orientarlas y dominarlas.

Hoy sabemos que buena parte de aquellos recursos servían para impresionar a la gente común y mantener una aureola de misterio y ocultismo. Quizá también para atemorizar a los enemigos y perseguidores de la brujería, que eran muchos y muy poderosos. La magia actual no necesita de bonetes en punta ni mucho menos de gatos o pieles de lagarto. Pero sigue basándose en el mismo principio ancestral: el dominio y control de las vibraciones que marcan nuestra suerte. Con métodos menos aparatosos y recursos más sencillos, e incorporando nuevos conocimientos provenientes de ciencias como la psicología, el naturalismo y la ecología.

BRUJERÍA DE LA VIDA COTIDIANA

Las brujas modernas no practicamos el ocultismo ni escondemos nuestras modestas habilidades para cambiar mágicamente el cauce del destino y la suerte de las personas. Sabemos que somos seres normales, y que en nuestro oficio no hay nada de sobrenatural. Creemos, por el contrario, que es la propia naturaleza, expresión perfecta de la energía cósmica, nuestra fuente de inspiración y nuestro mejor instrumento de trabajo. Conocemos también nuestras limitaciones. No podemos cambiar el mundo, ni evitar una guerra, ni revivir a un muerto. Aunque ya me gustaría a mí conocer un hechizo que trajera la paz, la tolerancia, la solidaridad y el bienestar a nuestro sufrido planeta.

Y he dicho esto porque creo firmemente que solo es verdadera la magia positiva, luminosa, dirigida al bien y a lo mejor de nosotros mismos.

Los últimos estudios de los maestros de la hechicería han comprobado el paulatino deterioro de la magia negra, dirigida a causar el mal y la destrucción. Quizá porque el mal y la destrucción se han adueñado ya de nuestro planeta y no necesitan de hechizos ni conjuros para provocar las tragedias y sufrimientos que acompañan a este cambio de milenio. Pero las vibraciones positivas y benéficas siguen estando aquí, en el aire que respiramos, en los objetos que nos rodean, en las personas que queremos, en nuestra casa, en la calle, en el mar y las montañas, en los días de lluvia y las mañanas de sol. Y si no podemos impedir el hambre, las guerras o las inundaciones, sí podemos intentar que la magia de la luz proteja nuestras vidas y libere nuestras fuerzas dormidas, para afrontar con más ánimo y mejor suerte el destino personal, los sentimientos, la salud, el trabajo y los problemas de la vida cotidiana.

Dice un dicho popular que no hay que creer en brujas «pero haberlas, haylas». Y por supuesto que las hay. Somos quienes hemos elegido como vocación y finalidad el aprendizaje de la antigua sabiduría cósmica, de los rituales y sortilegios que nos permiten alejar las malas vibraciones y atraer aquellas que nos hacen bien, y con las que podemos hacer el bien a los demás.

Personalmente, creo que muchos de esos potenciales mágicos están en todos nosotros. Vienen en nuestro interior cuando llegamos al mundo, como una reserva de fuerzas que nos otorga el cosmos para afrontar los momentos y situaciones difíciles. Lo que necesitamos es saber extraerlas y dirigirlas, combinándolas con otras vibraciones adecuadas, en el tiempo y lugar apropiados. Y yo estoy dispuesta a transmitir mis conocimientos a los demás, porque ese es uno de los fines de la magia luminosa. En este libro veremos paso a paso cómo podemos protegernos y liberarnos gracias a la magia, y cómo ejecutar determinados sortilegios que nos ayuden ante problemas y dificultades de la existencia diaria.

Si muchas personas aprenden a servirse de la magia en su vida cotidiana, las brujas profesionales más expertas y dotadas podremos dedicar nuestros hechizos a ayudar en las situaciones muy graves y complicadas. Y también a orientar a los iniciados para que utilicen mejor sus nuevas destrezas en el campo de la magia del bien y de la luz. De eso vamos a tratar, precisamente, a lo largo de esta obra.

PREVENCIÓN, PROTECCIÓN Y LIBERACIÓN

La práctica de la hechicería actual, tal como la entendemos las brujas modernas, tiene distintos objetivos y poderes: la prevención general que necesitamos para fortalecer nuestra energía interior y poder dominar la fuerza de las vibraciones; la protección de las personas y las cosas materiales; y la liberación de cada uno para que pueda realizar todas sus potencialidades. Estos fines se complementan entre sí, y se expresan en la solución mágica de problemas concretos que dificultan nuestro camino hacia el bien, la felicidad y la plenitud.

Los rituales cósmicos relacionados con los fenómenos planetarios ofrecen una defensa general contra todo Mal, y su poder tiene una gran amplitud y permanencia. Algunos de ellos están relacionados con determinadas fechas del año; otros, con las fases de la luna o las vibraciones y efluvios especiales de los distintos ambientes naturales, como el mar, el bosque o la montaña. Hay también ritos o sortilegios que atraen las fuerzas benéficas de la lluvia o las tormentas, y otros que se centran en los cuatro vértices mágicos del día.

LA MAGIA DE LA Bruja Moderna

Este tipo de rituales exige una gran concentración y entrega para captar las energías astrales, aunque también es importante cumplir cuidadosamente los pasos del sortilegio y otras condiciones que favorecen un mejor resultado. Como veremos más adelante, son experiencias mágicas intensas y placenteras, en las que percibimos que nuestro cuerpo y nuestra mente se cargan de fuertes vibraciones benéficas.

La magia protectora es la que nos permite defendernos en situaciones concretas de las vibraciones negativas que emite la energía maléfica. Para ese fin se utilizan distintos instrumentos y objetos energizados, como amuletos, talismanes, fetiches, colores, joyas, elixires, etc., según el riesgo que nos amenaza y la potencia de la fuerza negativa que debemos vencer. También puede tratarse de hechizos activos, como los sortilegios, conjuros, cábalas y otros rituales que el iniciado debe ejecutar siguiendo normas muy precisas, o usando elementos naturales como las hierbas, flores, piedras, metales, etc., que emplean de diversas formas sus energías defensoras y positivas.

La magia protectora requiere siempre una gran exactitud en la ejecución y un considerable esfuerzo mental y espiritual para encontrar la fuerza interior que active y reciba las vibraciones capaces de alejar el peligro del Mal. En el capítulo correspondiente veremos que cada situación difícil o amenaza concreta requiere un determinado tipo de encantamiento, aunque hay también hechizos generales para fortalecer nuestra resistencia ante la adversidad y los malos efluvios que nos rodean.

La magia liberadora es la más hermosa y vital, pero también la más difícil. Está dirigida esencialmente a la mujer, porque ella es la que necesita liberarse de siglos de opresión e incomprensión. Solo liberándose internamente y ante el universo podrá disfrutar de todas sus energías y fuerzas positivas en el nuevo milenio. Son hechizos que la ayudarán a ser más ella misma, a pensar en positivo, aumentar su autoestima, actuar con buen juicio y decisión, enfrentarse a los problemas, vencer los miedos y prejuicios, no inhibirse y sacar lo mejor de sí en todo momento, para saber dar y recibir las mejores cosas de la vida.

Desde luego, no parece fácil. Pero para solucionar problemas sencillos no necesitamos del poder de la brujería. Ejercer una magia realmente liberadora puede parecer un camino un poco largo y a veces arduo. Y eso es así porque la libertad es una fuerza interior que se construye con la suma de esfuerzos, de logros, de pequeñas victorias sobre una misma, de pruebas y ensayos en nuestra relación con los demás y con el mundo. Hay hechizos que fortalecen nuestro impulso liberador, pero no existe un sortilegio que nos transforme en una mujer totalmente libre de la noche a la mañana.

La magia liberadora se ejerce en cada situación, en cada momento concreto, por medio del encantamiento o hechizo adecuado. Y cada problema resuelto o dificultad vencida con la fuerza cósmica de la libertad irá acumulando dentro de la iniciada nuevas partículas de esa energía liberadora que finalmente la llevará a una vida más plena, más sabia y, mágicamente, más feliz.

NOSOTROS Y LA MAGIA

Ejercer y practicar la magia no consiste solo en llevar un amuleto o realizar determinados ritos en una noche de luna llena. No se trata, desde luego, de una ceremonia diabólica, pero tampoco de un simple juego. La persona ejecutante es emisora y receptora de vibraciones muy sensibles a cualquier obstáculo o interferencia, que deben encontrarse en el momento apropiado y combinarse de forma que puedan ser dirigidas hacia el fin que nos proponemos.

Es fundamental entonces que nuestro cuerpo, nuestra mente y nuestro espíritu estén bien preparados para participar e influir en ese intercambio de energías. En principio, como en casi todas las cosas importantes, hay una cuestión de fe. Fe en nosotros mismos, en nuestro potencial aún desconocido; pero también fe en la Gran Energía Universal y en el predominio último de las energías positivas. Para creer firmemente en el poder del universo no importa cuáles sean nuestras creencias o nuestra forma de pensar. La ciencia ha confirmado su existencia, y todas las religiones aceptan un Dios Creador que dio fuerza al cosmos para que en él hubiera por lo menos un planeta en el que floreciera la vida.

Esa fe, esa confianza en la magia como vehículo de un poder omnímodo y eterno, debe hacerse activa en el momento de someternos a un encantamiento o sortilegio. Nuestra mente debe estar a la vez concentrada y abierta, para controlar con lucidez y precisión el flujo energético que vamos a producir. Nuestro espíritu debe llenarse de luz, para transmitir claramente el deseo de protección y de liberación. Nuestro cuerpo debe estar limpio de impurezas para que esa transmisión y ese intercambio de vibraciones lo atraviesen sin interferencias negativas.

Si se cumplen todas esas condiciones, se dispone de los elementos apropiados, y los rituales o sortilegios se ejecutan con exactitud, es muy probable que la magia cósmica nos ofrezca resultados sorprendentes. Pero también es posible que alguna vez falle, sobre todo al principio de nuestra práctica, o que sus efectos comiencen a manifestarse un tiempo después. Otra de las virtudes de las brujas modernas es la paciencia, y también el empecinamiento. Debemos intentar una y otra vez aquellos hechizos que nos parezcan incompletos o insatisfactorios, controlando todos los detalles.

Finalmente debemos tener en cuenta que toda magia es también una magia personal, y que no existen recetas absolutamente universales. Las vibraciones individuales son diferentes e irrepetibles, como las huellas dactilares. Debemos aprender a conocerlas y a comprobar con qué tipo de rituales y recursos se manifiestan mejor. Puede ser que ciertos hechizos no sean para ti, y debas buscar variantes o modificaciones que te permitan sacarles provecho. Pero con toda seguridad la mayor parte de los que ofrece este libro te brindarán un arsenal mágico suficiente para que muchas cosas de tu vida cambien en poco tiempo.

Si te he convencido, pon manos a la obra. Ensaya algún hechizo preventivo o procura resolver algún problema concreto con la ayuda de estas revelaciones y consejos. Si no sale del todo bien, inténtalo de nuevo. Si crees que necesitas ayuda, consulta a una bruja profesional.

Para eso estamos en este mundo mágico.

Buena suerte, que la magia te proteja, y... ¡feliz nuevo milenio!

El compromiso

Yo, (nombre del lector/a) _____

_____

me comprometo a cumplir sin excepción ni vacilación y a rajatabla estos decretos:

Jamás hacer uso de la energía para hacer daño a otro ser, ya sea humano, animal, vegetal o mineral.

Cuidar y no dañar bajo ningún concepto el medioambiente en su totalidad.

Pensar, antes de ejecutar algo, en las consecuencias que eso pueda acarrear. Y, si son negativas, desestimar la idea.

No trabajar con la voluntad de los demás sin su permiso.

No utilizar la magia para conseguir lo ajeno.

Nunca anteponer mis intereses a los de los demás.

Utilizar la energía y la magia para transmutar lo negativo siempre en positivo.

Amar por encima de todo cada acto que realizamos en un ritual, hechizo, etc., con amor incondicional hacia uno mismo y los demás.

Entender y aplicar
la magia como algo bello,
como una filosofía de vida que me
enseña a ser un poco mejor cada día.

Con esta filosofía que practico, cuidar mi alimentación y mi aseo personal y los lugares en los que habito y, sobre todo, en los que trabajo con las energías (algo que es muy importante).

Rechazar cualquier mal hábito, como las drogas, el alcohol, el tabaco, la ludopatía, etc., es decir, todo aquello que sea un hábito negativo y dañino hacia mi persona o hacia los demás.

La magia que practico es luminosa, blanca y llena de buenas intenciones. Sabia, pura y transparente.

Jamás trabajaré la magia opuesta a la blanca.

Así es y que así sea. AMÉN.

Firma:
(nombre del lector/a)

_____

PRIMERA PARTE

Los rituales de
la magia cósmica

La magia planetaria

El calendario mágico. A medida que la Tierra traza su amplia órbita de trescientos sesenta y cinco días alrededor del sol, varía su relación con el astro rey y con los otros planetas. Eso produce que también varíen las ondas y vibraciones energéticas que recibe su atmósfera, según el punto en que se encuentra y la relación con las órbitas de los otros planetas. Estas variaciones establecen un Calendario Mágico que nos viene desde la más remota Antigüedad, en el que hay fechas muy señaladas por su gran carga energética. Cada una de esas fechas requiere determinadas actitudes y sortilegios para que podamos aprovechar la fuerza que en ese momento inunda nuestro planeta.

El ciclo lunar. Por otra parte sabemos que, después del sol, el astro que más influye en el destino de la Tierra y de sus criaturas es nuestro propio satélite: la solitaria y poderosa luna. Según su presencia o no en el cielo y la fase que esté atravesando en su ciclo de veintiocho días, el intercambio de energías entre ambos astros se intensifica, decae o cambia de signo. Hay pues también una magia lunar, que exige determinados ritos para cada momento del giro de la luna sobre sí misma y en torno a la Tierra.

Los ritmos circadianos. También la Tierra gira sobre sí misma cada veinticuatro horas, y en ese ciclo altera su relación energética con el sol y con la luna. Hay, por tanto, horas mágicas para cada cosa, apropiadas a uno u otro tipo de problema o de deseo. La magia llamada «circadiana» o de los ciclos diarios se basa en cuatro vértices de mayor potencia: el amanecer, el mediodía, el atardecer y la medianoche.

Las vibraciones de la naturaleza. Vivimos sobre la superficie de nuestro planeta, y en ella nos rodean y acompañan distintas características físicas y geográficas: los mares, los ríos, los bosques y selvas, las montañas, los valles, los prados y llanuras. Cada uno de estos ámbitos de la naturaleza recibe, guarda y emite distintos tipos de vibraciones, que son la esencia de la magia natural. Los mares atesoran una poderosa fuerza que surge de sus abismos, así como la tierra se carga de los minerales ardientes de sus profundidades. Las montañas, plenas también de energía mineral, se alzan hacia el cielo en busca de las más sutiles y vigorosas energías, y los ríos movilizan esas vibraciones en su largo camino hacia el mar. Finalmente, los bosques, valles y llanuras establecen una rica relación entre la tierra, el aire, y las muy variadas y potentes energías que nos ofrece el mundo vegetal.

También podemos recoger esas vibraciones de los distintos paisajes que nos rodean, si sabemos asumir las actitudes apropiadas y realizar los rituales que corresponden a cada uno.

Las fuerzas atmosféricas. Finalmente, la Tierra está rodeada por una atmósfera variable, que pasa de la serenidad a la violencia de los fenómenos climáticos, como el viento, la lluvia y las tempestades. Es sabido, por ejemplo, que una tormenta eléctrica es un verdadero festival de energías desatadas, que poseen una fuerza excepcional. ¿Por qué no vamos a aprovecharlas? Usar las vibraciones de los fenómenos meteorológicos es una de las sabidurías más remotas de la brujería, y forma también parte de lo que podemos llamar magia planetaria, o sea, la que se relaciona con la vida, los movimientos y los acontecimientos de nuestro planeta.

Esta magia planetaria puede utilizarse para fines concretos, pero es básicamente una magia que proporciona energías preventivas. Es decir, que carga nuestro ser de vibraciones positivas para defenderlo de todos los ataques del Mal, en cualquiera de sus formas y artimañas. En este apartado veremos qué rituales y sortilegios podemos utilizar para recibir las mejores vibraciones en cada fecha del año u hora del día, en cada fase de la luna, cada ámbito natural y situación climática. Con eso estaremos preparados y fortalecidos para sacar mejor provecho de nuestra mágica energía interior.

Los ritos lunares

La luna reina sobre la noche y sobre los aspectos más sutiles y delicados de la vida en la Tierra. Astro del amor, de lo femenino y de todo lo relacionado con la intuición y la adivinación, su luz despeja las tinieblas y sus intensas vibraciones alejan las energías del Mal y protegen a quienes saben recibir e interiorizar sus efluvios.

En su relación con nuestro planeta, la luna recorre un ciclo en el que su imagen va variando según la cantidad de luz que recibe del sol. Este ciclo de casi veintiocho días, que está ligado al proceso menstrual femenino y también a las mareas, se resume en cuatro «fases» o momentos lunares, cada uno con una especial carga energética desde el punto de vista de la magia cósmica:

La luna nueva es el momento de su conjunción con el sol, en el que se inicia el ciclo lunar.

La luna creciente ocurre en su recorrido hacia el plenilunio, en el cual la cara que ofrece a la Tierra se va iluminando cada vez más.

La luna llena, o plenilunio, es el momento de oposición al sol, cuando éste ilumina completamente la cara visible de la luna.

La luna menguante es el recorrido del satélite hacia una nueva conjunción, durante el cual su zona iluminada va disminuyendo paulatinamente.

En estas cuatro fases la luna presenta talantes distintos y emite diversos tipos de vibraciones. Existen por tanto rituales y sortilegios más apropiados para cada una de ellas, aunque no debemos olvidar que también podemos recurrir a la fuerza de la luna en cualquier momento, para pedirle una protección general.

RITUAL PERSONAL DE PROTECCIÓN

Como hemos dicho, la protección de la luna puede solicitarse en cualquier momento, aunque el astro tiene mayor fuerza en el cuarto creciente y el plenilunio. Personalmente mantengo una relación estrecha y continuada con ella, ya que su carácter femenino es especialmente apto para proteger y fortalecer a las mujeres en todos los aspectos de nuestra vida cotidiana.

El ritual o pequeña ceremonia que empleo con este fin es el siguiente:

Llevar una túnica o vestido amplio de color claro.
Quitarse todas las joyas y adornos.
Descalzarse, o calzar unas sandalias ligeras.
Encender una vela blanca.
Sostener la vela con ambas manos y los
brazos extendidos al frente.
Mirar fijamente a la luna, alzando la vela hacia ella.
Al mismo tiempo concentrarse en recibir sus vibraciones.

Consejo: Es mejor realizar este ritual a cielo abierto, aunque sea en una pequeña terraza o balcón. Si el clima no lo permite, puede hacerse ante la ventana de una habitación iluminada solo por la luna.

La vela puede dejarse consumir junto a la ventana, a la luz de la luna.

LOS RITOS DE LA LUNA NUEVA

Las fuerzas de la luna nueva son escasas, pero muy particulares. Es decir, se dirigen solo a la protección de asuntos muy concretos, relacionados con el nuevo génesis que afronta en ese momento el astro lunar.

Es una noche adecuada para solicitar la protección de nacimientos o embarazos ya en marcha, o de relaciones que acaban de comenzar. También protege y ayuda en el momento inicial de cualquier tipo de proceso: estudios, trabajo, asociaciones, viajes itinerantes, etc. La condición es que se trate de algo que comienza y tendrá un desarrollo, no de un asunto puntual o que ya está hace tiempo en proceso.

Antes de la ejecución se debe apuntar en un papel blanco, a mano y con tinta negra, el siguiente conjuro:

Luna, reina de eterno renacer,
posa en mí tu energía astral
para proteger de todo Mal
esto que va a suceder

RITUAL
Colocar sobre una mesilla una vela negra, una gris y una blanca.
Encenderlas en ese orden, de izquierda a derecha.

Encender una varilla de incienso y colocarla delante de las velas.
Leer en voz baja el conjuro, concentrándose en él.
Quemar el papel en la llama de la vela blanca y mientras
tanto visualizar el tema o asunto que se desea proteger.

Consejo: Conviene disponer de un platillo o cuenco pequeño donde poner el papel encendido para que acabe de arder.

AMULETO

Si se desea reforzar las vibraciones protectoras de este ritual, se debe colocar en el platillo unas semillas (sésamo, avena, anís, etc.) o una mezcla de ellas. Una vez que se ha quemado todo el conjuro, hay que reunir las cenizas y las semillas y meterlas en una bolsita de tela natural, que servirá como amuleto para retener mejor las energías protectoras recibidas.

Este amuleto debe llevarse continuamente hasta que el proceso que se quiere proteger haya superado su fase inicial. Si se trata de un embarazo o parto de una mujer que no es la ejecutante, será aquella quien deba llevar el amuleto. Lo mismo para otros casos en que la persona a quien se desea proteger no es la propia ejecutante.

LOS RITOS DE LA LUNA CRECIENTE

Las poderosas vibraciones que emite la luna en su fase de crecimiento suelen ser confusas y difíciles de manejar, por el propio impulso de su gran fuerza generadora. Se debe entonces actuar con prudencia y realizar los ritos y sortilegios con exactitud y cuidado, buscando calmar y canalizar esa potencia femenina en nuestro favor. Los despistes o descuidos al invocar vibraciones tan intensas, pueden desviar sus ondas o incluso provocar efectos contraproducentes.

Durante todo su cuarto creciente, la luna emite constantemente energías protectoras, que se dirigen en especial sobre los asuntos relacionados con la fuerza y la salud psíquica y física, la fertilidad, el buen hacer, la protección de la infancia y la juventud, y la buena marcha de las actividades y los sentimientos positivos en nuestra vida personal.

Las figuras mágicas tradicionales asociadas a la luna creciente son la Doncella y el Guerrero, que a veces se funden en un solo personaje mítico. La Doncella se identifica con el amor romántico y el Guerrero, con la fuerza y el triunfo, virtudes que el astro lunar favorece especialmente en esta fase. La unión de ambos representa la Amazona, y por extensión la mujer esforzada y de gran vigor interno y externo para afrontar los problemas.

LOS TRES RITUALES

La magia actual reverencia a la luna creciente con numerosos rituales, que buscan aprovechar la notable potencia de este momento lunar. Los sortilegios varían según las distintas corrientes, la propia ejecutante, y los asuntos que se desean favorecer. Nosotros daremos tres de los más probados y efectivos, cada uno de ellos dirigido a captar y canalizar las vibraciones positivas en los tres temas básicos del período: el amor, el triunfo y el poder femenino.

Rito lunar del amor

Este rito del amor no es un favorecedor genérico, sino que debe utilizarse para un caso concreto, relativo a la propia oficiante y otra persona. En principio vale tanto para encontrar un amor, como para que el amado nos corresponda, nos proponga una relación más seria (noviazgo, matrimonio) o, si ya está a nuestro lado, incrementar y consolidar su amor y evitar que nos abandone.

Preparación
Antes de realizar el rito, se debe disponer de un objeto personal del ser amado (un mechero, lapicero, llavero, etc.) sin que él lo sepa.

Luego trazar un círculo con rotulador rojo en un paño blanco limpio, del tamaño de un pañuelo o servilleta. Escribir dentro del círculo el nombre de la persona, con letras mayúsculas simples.

Situarse a la luz de la luna creciente o en una
habitación solo iluminada por ella.
Colocar una vela rosa y rodearla con un collar o pulsera de oro.
Rodearla también con un círculo de cinco rosas rojas.
Colocar delante el objeto del ser amado.
Encender la vela y desplegar el paño de forma que
la luz de la llama se refleje sobre el nombre.
Elevar el paño hacia la luna creciente, pidiéndole ayuda.
Envolver el objeto en el paño y llevarlo
con ambas manos al pecho.
Arrodillarse y bajar la cabeza hasta tocar el suelo.
Concentrarse para visualizar el rostro del ser amado.

Consejos: La luna tiene una relación muy fuerte con la Tierra, por lo que es conveniente disponer los elementos del sortilegio directamente sobre el suelo.

Devuelve el objeto de esa persona a su sitio, para que ella vuelva a utilizarlo llevando su gran carga romántica consigo.

Rito lunar del triunfo

Es posible que no haya mayor fuerza cósmica para favorecer el triunfo y el éxito ante pruebas difíciles que la poderosa energía de la luna creciente. Ella se dirige hacia su propia plenitud, y concentra en su luz cada vez más intensa las fuertes vibraciones que le permiten despojarse de las tinieblas que la ocultaban.

No debemos confundir este rito con el anterior, utilizándolo para obtener triunfos románticos y amorosos. Su impulso benefactor se dirige a superar con éxito otros tipos de desafíos: un examen, un pleito, un contrato difícil, una entrevista de empleo, una prueba deportiva, un reto difícil en el trabajo, etc.

Situarse ante una ventana que reciba la luz de la luna creciente. Encender en el alféizar o parapeto una vela roja y otra amarilla. Colocar entre las velas una joya de plata, sobre un paño azul liso.
Cerrar los ojos y concentrarse en el triunfo que se desea obtener.
Dejar el sortilegio toda la noche, hasta que las velas se consuman.

Amuleto

A la mañana siguiente se debe envolver la joya en el paño azul y atarlo con hilo o cordel rojo. Este amuleto se llevará encima en el momento de afrontar la situación en la que se desea triunfar o, si es necesario, en las varias situaciones relacionadas con ese desafío. Conviene llevarlo en el bolso o en un bolsillo, de forma que se pueda palpar en momentos de confusión o desánimo.

Nota personal: A mí me da un resultado excelente. ¡No falla!

Rito lunar del poder femenino

El tercer arcano sobre la luna creciente es su extraordinaria fuerza para fortalecer y proteger el poder femenino, en todos sus aspectos. Las vibraciones lunares infunden nuevas fuerzas a la especial sensibilidad de la mujer para captar y orientar las energías cósmicas favorables, canalizándolas con sutil precisión en favor de sus deseos y necesidades, así como en beneficio de los que la rodean.

La mujer, madre, esposa, amante, novia, hermana, hija, amiga o compañera reúne en sí una intrincada trama de afectos y responsabilidades, que a menudo se ve amenazada por las vibraciones negativas que se entrecruzan con las positivas, y por la propia dificultad para analizar, comprender y defender sus sentimientos. El hechizo del poder femenino nos ayuda a clarificar esa red de afectos y nos da fuerzas para conservarlos e incrementarlos.

Trazar con tinta azul sobre un papel blanco dos
triángulos que formen una estrella de seis puntas y
colocarlo sobre una mesa vacía, a la luz de la luna.
Colocar alternadas tres velas plateadas y
tres velas blancas en cada vértice.
Situar en el centro un espejito vertical.
Encender las velas de izquierda a derecha,
comenzando por una plateada.
Inspirar profundamente y agacharse hasta
que el rostro se refleje en el espejo.
Mirarse a los ojos e invocar intensamente la fuerza lunar.
Poner el espejo hacia abajo y apagar las velas.
De pie, mirar a la luna y sentir cómo sus
vibraciones nos inundan de energía.

Consejo: El paso fundamental de este rito es el último, cuando ha finalizado el sortilegio y la luna dirige hacia nosotros sus efluvios de poder. Es importante concentrarse y visualizar las vibraciones que dimanan de la luna hacia nuestra persona, siempre sin dejar de mirarla.

LOS RITOS DE LA LUNA LLENA

No hay duda de que el plenilunio es el gran momento cósmico de la luna, cuando el astro ha alcanzado todo su poderío y reina luminoso en la noche. Desde los tiempos ancestrales, las noches de luna llena han sido ámbito propicio de todo tipo de hechicerías y ceremonias mágicas, en especial las relacionadas con la fertilidad y la sensualidad.

Bajo el signo del plenilunio toda la naturaleza vibra con una renovada intensidad. El bosque parece erizarse, el tacto de las piedras estremece nuestra piel, los mares y ríos brillan emitiendo ondas que nos envuelven, las flores aparecen tersas y ruborizadas, y todos los seres vivos perciben la magia que flota en el aire. También nosotros estamos rodeados por esas densas ondas energéticas lunares, que casi pueden verse y olerse y que hasta parece que pudiéramos rozarlas con las manos.

Se dice que la luz de la luna llena abre las compuertas del tiempo en el hechizo del sueño. Si dejamos que nos ilumine mientras dormimos, es posible que soñemos con vidas pasadas, o que podamos vislumbrar el porvenir. Para esto hay dos ejercicios de invocación, que describo brevemente:

Invocación lunar de vidas pasadas: *acostarse a la luz de la luna, si es posible sin ropa alguna y sin joyas ni adornos (de no ser posible, solo con un camisón blanco). Cuando se acerca el sueño, concentrarse en visualizar la primera infancia, el propio parto, el feto que fuimos (esto ayuda a dar vuelta a la flecha del tiempo), hasta ver un gran círculo o espiral de luz que gira lentamente. Intentar atravesarlo... Por la mañana, procurar recuperar lo soñado antes de abrir los ojos y despertar del todo.*

Invocación lunar adivinatoria: *acostarse como se indica en la invocación anterior. Al sentir que se acerca el sueño, concentrarse en el tema o asunto sobre el que se quiere adivinar, de forma cronológica. O sea, recordar cómo comenzó, cuál fue su desarrollo y cuál es su situación actual (esto te permitirá orientar al futuro la flecha del tiempo). Hacer un esfuerzo de visualización —pero sin tensión— del momento presente, y procurar fijarlo... A la mañana siguiente, indagar las imágenes de los sueños antes de despertar del todo.* [*]

Todos los rituales, hechizos, sortilegios y encantamientos son más poderosos y eficaces si se realizan en una noche de luna llena, y bajo su luz. Esto lo sabían los druidas, magos y brujas de la Antigüedad, que esperaban el plenilunio para ejecutar los ritos mayores y para reunirse en los cónclaves que en el medievo se llamaban aquelarres y que hoy llamaríamos simposio o congreso.

---

[*] Los estudiosos del sueño han comprobado que las imágenes y escenas oníricas que aún se recuerdan al despertar suelen perderse al levantarse e iniciar las actividades diarias. Es necesario concentrarse en ese momento, para retenerlas en la memoria.

De esa tradición nos llegan tres mensajes fundamentales:

Uno, procura realizar todos los sortilegios o hechizos especialmente importantes o difíciles con la ayuda complementaria del poder de la luna llena;

dos, aunque no tengas un asunto especial, no dejes de aprovechar la energía del plenilunio para reforzar y consolidar tus vibraciones benéficas y tu fuerza mágica;

y **tres,** si tienes familiares o amigos que comparten tu fe en la sabiduría de la energía cósmica, reúnelos para oficiar un «aquelarre» moderno bajo la luna llena, a fin de que la unión e intercambio de vuestras vibraciones os permitan obtener aún más fuerza y poder en conjunto.

Dado que para el primer arcano se deberá utilizar el ritual o sortilegio correspondiente, de los que se incluyen en este libro, damos a continuación los ritos específicos para los dos arcanos siguientes:

Rito individual del plenilunio

Vestir ropas amplias y claras, con el pelo suelto.
Quitarse los anillos y pulseras.
Encender una vela grande de color rojo.
Coger con la mano izquierda un objeto de
cobre y con la derecha uno de hierro.
Situarse de frente a la luna, con la vela detrás, a la espalda.

Concentrarse mirando la luna, y alzar hacia
ella las manos con los metales.
Sentir cómo la llama de la vela atrae las vibraciones
lunares que atraviesan nuestro cuerpo.
Bajar los brazos, cerrar los ojos y girar tres veces lentamente.

Consejo: Lo que importa en este rito es la carga metálica, no los objetos escogidos. Puede tratarse de un clavo o un trozo de cable, siempre que sean solo de hierro o de cobre.

Variante: Algunas brujas refuerzan este sortilegio llevando la vela encendida a su habitación, y dejándola toda la noche junto a una ventana iluminada por la luna con los objetos metálicos que han utilizado.

Rito grupal de plenilunio

En este rito debe participar un número impar de personas, para que no se neutralicen las energías. Si no fuera posible, hay que dejar un sitio imaginario para el «oficiante invisible», que participará de los pasos del rito bajo el nombre de *Azdumat* (puede ser un vestido o camisa anudada a la cuerda). Este recurso es especialmente efectivo cuando los participantes son solo dos. En ese caso se colocarán uno a cada extremo de la cuerda, dejando a *Azdumat* en el centro.

Trazar un triángulo dentro de un círculo bajo la luz de la luna. Encender alrededor del dibujo tantas velas rojas como oficiantes participen del rito, incluyendo, si es el caso, a *Azdumat*. Formar un círculo alrededor de las velas, sosteniendo una cuerda adornada con flores blancas sin vetas ni manchas de otro color. Alzar los brazos con la cuerda hacia la luna y pronunciar el nombre del participante más joven, concentrándose en pedir poder para él. Repetir este paso para cada nombre, de izquierda a derecha, sin olvidar a *Azdumat*, si este forma parte del grupo. Finalmente realizar un giro o ronda completa, visualizando la llegada de las vibraciones lunares, y luego todos a la vez a apagar las velas.

Consejo: Es muy importante poder realizar este ritual al aire libre, y en lo posible en un espacio amplio. Si el clima u otra circunstancia lo impiden, es mejor esperar a otro plenilunio y limitarse a un rito individual.

¿QUIÉN ES AZDUMAT?

Según parece este nombre, utilizado actualmente por muchas corrientes mágicas como «comodín» en los ritos grupales, corresponde a un duende o genio de la antigua hechicería de los pueblos semíticos de Asia Menor. *Azdumat* era representado como un personaje benéfico y de buen talante, que intercedía ante la diosa de la noche en favor de los seres humanos.

LOS RITOS DE LA LUNA MENGUANTE

Muchos brujos y hechiceras prefieren no realizar ningún tipo de sortilegio lunar durante el cuarto menguante. La razón es que se trata de la fase más débil de la luna, cuando ya ha emitido casi todas sus energías y su luz se apaga lentamente hacia el ocaso. En principio compartimos esta prevención de numerosos colegas, pero entendemos que también puede darse el caso de necesitar un poco de vibraciones lunares durante esa etapa del astro, y que con un pequeño esfuerzo puede conseguirse su ayuda.

Damos por tanto este ritual de luna menguante, recordando que solo debe utilizarse ante una necesidad imperiosa, y con un alto grado de concentración.

Situarse a la luz de la luna.
Encender una vela blanca grande con la
base envuelta con papel de plata.
Rodearla con cinco velas rojas más pequeñas.
Pasar varias veces las manos sobre las velas, concentrándose
en recibir sus efluvios receptores de vibraciones.
Abrir los brazos en cruz y echar la cabeza hacia atrás.
Mirar fijamente la luna, visualizando las
vibraciones que nos envía.

Sin perder la concentración, apagar primero la vela blanca. Luego apagar las velas rojas, de derecha a izquierda.

Consejo: Los pases mágicos con las manos deben ser lentos y circulares, concentrándonos en recibir la energía de las llamas, que nos permitirá atraer mejor las últimas vibraciones positivas de la luna menguante.

Los ritos ecológicos

La sabiduría ancestral siempre ha mantenido una relación estrecha y respetuosa con la naturaleza, estudiando sus propiedades y utilizándolas para elaborar hechizos y sortilegios. La magia europea proviene de pueblos pastores y agricultores, como los celtas, los anglosajones y los germanos, que vivían en pequeñas aldeas y en pleno contacto y dependencia con el medio natural. Por su parte, los normandos y vikingos, navegantes y pescadores, conocían y respetaban las potentes energías del mar y habían aprendido a conducir sus vibraciones favorables por medio de rituales e invocaciones. Los magos de Asia Menor, a su vez, utilizaban las intensas ondas cósmicas que flotan sobre el desierto diurno y nocturno, así como el profundo poder mineral de las formaciones rocosas.

En las últimas décadas el desarrollo de la ecología, como ciencia y como movimiento social, ha venido a confirmar la importancia que tiene para nuestra vida el entorno natural. La magia moderna se suma con entusiasmo a ese principio. Ya no solo en la protección y conservación del delicado equilibrio que hace de la naturaleza nuestro imprescindible entorno vital, sino también en la relación con las energías y vibraciones de cada uno de sus elementos.

La hechicería actual ha recuperado los viejos ritos ancestrales que permitían a los sabios de la Antigüedad y del medievo conjurar y dominar las fuerzas cósmicas que yacen en los distintos ámbitos ecológicos. Pese a los daños causados a la naturaleza por nuestra civilización, aún tenemos ocasión de encontrarnos en medio de un bosque, ante la inmensidad del mar, en la cima de una montaña, en la mágica soledad del desierto, a la vera de un río, o en un valle o una pradera. ¿Por qué no aprovechar esos momentos de inmersión en la naturaleza para compartir su magia y absorber sus fuerzas protectoras y liberadoras?

En este apartado describimos algunos ritos sencillos y efectivos que nos permitirán despojarnos de las barreras cotidianas y entrar en un contacto amplio y profundo con las vibraciones positivas de la naturaleza.

LA SABIDURÍA DEL BOSQUE

INTELIGENCIA Y SENSIBILIDAD

Los grandes bosques fueron la cuna y el escenario principal de las tradiciones de la magia europea. Allí preparaban los druidas sus pociones y sortilegios; en ellos se reunían las brujas para celebrar sus aquelarres, o se realizaban los rituales relacionados con los grandes momentos cósmicos y con las fases lunares.

La elección de ese ambiente que semeja un templo natural, con sus sugestivas columnas arbóreas y el artesonado de ramas que filtra los rayos de luz solar o lunar, no fue por supuesto casual. El bosque era un lugar naturalmente puro, esencialmente cósmico, porque en él no había viviendas, ni sembrados, ni vallas, ni otros signos de la vida humana. Era el recinto del misterio, donde buscar el cofre de los arcanos y la puerta a lo desconocido. Según la tradición, en él se refugiaban las energías más profundas y sutiles y las fuerzas del verdadero conocimiento astral. El bosque era, esencialmente, el templo natural que guardaba las fuentes de la sabiduría esotérica.

Para la magia moderna, esas energías del bosque conservan todo su poder. Solo es necesario poder percibirlas primero, y saber absorberlas después, para que nuestra mente y nuestro espíritu se sientan renovados y reforzados. Son vibraciones profundas pero serenas, que nos ayudarán a mantener un talante más abierto y también más agudo en todas las circunstancias que nos depare la vida.

PROPIEDADES DEL BOSQUE

Las vibraciones del bosque representan una excepcional combinación de fuerza y sabiduría. La energía que podemos obtener de él nos fortalece para afrontar problemas y situaciones difíciles, a la vez que nos da discernimiento y criterio para hallar la mejor forma de resolverlos o superarlos.

En general sus vibraciones son mentales, y especialmente aptas para asuntos relacionados con el estudio, el trabajo, el dinero, las relaciones sociales y la solución de problemas. Pero también ayudan a aportarnos determinación y claridad en temas sentimentales y emocionales, que deberemos apoyar con los ritos o sortilegios adecuados.

MOMENTOS Y SITUACIONES

El bosque es más receptivo en verano que en invierno, y neutro en las estaciones equinocciales. Los mejores momentos del día para relacionarse con sus energías ocultas son los del amanecer y el mediodía. Una antigua advertencia recomienda no adentrarse en el bosque durante la noche, ya que son horas en que las fuerzas del Mal pueden llegar a superar a las del Bien. No obstante, estas últimas ostentan un especial poder en las noches de luna llena, por lo que pueden convocarse sin riesgo hasta dos horas después de oscurecer.

Es conveniente buscar un sitio del bosque en el que no haya signos de la actividad humana (cercos o alambradas, troncos cortados, cobertizos, etc.), situado entre árboles altos y sólidos, cuyas ramas y copas formen un follaje tupido. Las vibraciones se canalizan mejor si hay rocas naturales, y especialmente junto a una cascada o manantial. Si el ritual se realiza al amanecer, se debe buscar un claro en el que nos llegue la luz. Si es a mediodía, es preciso situarse bajo una fronda que filtre los rayos del sol.

El ritual del bosque

Este ritual, como todos los relacionados con los ámbitos naturales, utiliza los sentidos para convocar las vibraciones favorables. El uso consciente y afinado del oído, el olfato o el tacto nos permite captar la energía natural, en lo que aquí llamaremos «percepción sensitiva».

Llevar ropas cerradas y el cabello recogido,
sin joyas ni adornos de oro o de plata.
Colocarse en un sitio central, equidistante
de los árboles más próximos.
Cerrar los ojos, abrir los brazos y ejercitar la percepción
sensitiva de los sonidos y aromas del bosque.
Abrir los ojos, alzar los brazos y girar lentamente.

Durante el giro, concentrarse en visualizar
las energías ocultas del bosque.
Terminar con respiración profunda y relajación.

LA VITALIDAD DEL MAR

SALUD MENTAL Y CORPORAL

Las aguas de los mares y océanos ocupan las tres cuartas partes de la superficie terrestre, y mantienen una relación planetaria muy intensa con los otros astros y con las energías del cosmos. Es conocida su especial interacción con la luna, cuya posición rige las mareas, y su influencia en numerosos aspectos de la vida natural y humana.

Los antiguos pueblos costeros e insulares, como los griegos, los fenicios, los celtas británicos, los vikingos, y casi todas las culturas mediterráneas, adoraron dioses marinos y desarrollaron numerosos rituales dirigidos a aplacar y dominar las poderosas vibraciones del mar. Muchos de ellos estaban dirigidos a la protección de marinos y pescadores del riesgo de tormentas y naufragios, y generalmente se celebraban en grupos o en familia.

Pero los brujos y hechiceras de aquellos tiempos sabían que invocar a las fuerzas benéficas del mar no solo servía para evitar tragedias en sus aguas, sino también para obtener poderosos dones protectores y liberadores para la vida cotidiana en tierra firme. Ellos fletaban las barcas embrujadas de velamen negro, arrojaban desde la orilla ciertas flores o especias que favorecían sus designios, o se introducían en las aguas para realizar rituales secretos que establecían una comunión con el mar y sus poderes cósmicos.

Hoy no es necesario embarcarse en naves satánicas ni sumergir doncellas desnudas en el mar para invocar sus energías cósmicas. Sabemos que estas energías forman parte de la naturaleza, y que con nuestra percepción sensitiva y algunos simples elementos naturales podemos conseguir beneficiarnos de sus vibraciones astrales.

PROPIEDADES DEL MAR

Las vibraciones del mar se reflejan en sus principales características: la extensión, la ondulación constante, la profundidad, la fuerza latente que surge de improviso, la relación estrecha con el firmamento astral. Captar su energía nos servirá para afrontar mejor una amplia gama de situaciones y problemas, con la necesaria flexibilidad y constancia. Su poder de largo aliento nos apoya especialmente ante dificultades prolongadas y su profundidad favorece la comprensión y resolución de asuntos muy complejos. Su fuerza líquida y ondulante actúa sobre nuestras condiciones físicas y anímicas, como una suerte de «masaje» astral, y su relación especular con el cielo nos impulsa a abrir nuestra mente y confortar nuestro espíritu.

MOMENTOS Y SITUACIONES

Salvo que se quiera canalizar una energía excepcional ante un problema muy grave, es preferible actuar sobre una mar relativamente calma, con olas moderadas rompiendo en la orilla. Aunque el mar ofrece su poderosa energía durante todo el año, las épocas de mejor relación con él son el final de la primavera y el comienzo del otoño. Las horas más apropiadas son los crepúsculos del amanecer y el anochecer, y también la medianoche si la luna está en cuarto creciente o en plenilunio.

Los ritos de gran poder, ante mareas gruesas y tormentosas, deberán realizarse siempre desde la orilla, preferiblemente sobre una roca contra la que rompan las olas (con precaución), y nunca bajo la luz del sol.

El ritual del mar

Para este ritual es imprescindible introducirse en el agua, o tomar algún tipo de contacto con ella. Siempre que sea posible, se debe entrar en el mar con ropas que no sean de baño, hasta que el agua nos cubra entre las rodillas y la cintura. Si existe un impedimento climático o personal, debemos situarnos en la orilla de forma que el agua lama nuestros pies o coger agua entre las manos y humedecer con ellas el rostro, y pasarlas luego por la cabeza hasta la nuca.

**Vestir ropas sueltas, blancas, y colocarse
una corona de rosas rojas.**

Guardar una piedra en el puño izquierdo y
un trozo de hierro en el derecho.
Entrar al mar lentamente, en forma perpendicular a la orilla.
Colocar los puños sobre los hombros, cerrar los
ojos y ejercitar la percepción sensitiva del contacto
con el agua y de los rumores del mar.
Abrir los ojos y visualizar la energía que penetra en nosotros.
Arrojar con fuerza el trozo de hierro hacia el horizonte.
Quitarse la corona y dejarla sobre el agua.
Girar de espaldas y arrojar la piedra
hacia atrás, por sobre la cabeza.
Regresar lentamente, relajándose con una respiración profunda.

Nota: La piedra y el hierro absorben las energías negativas, arrancadas de nuestro ser por la fuerza benéfica del mar. Es importante arrojarlas lejos, con decisión, y concentrándose en el poder del mar.

Rito oceánico del gran poder

Este ritual es muy antiguo, y era practicado por las brujas y hechiceros escandinavos. Según parece se extendió más tarde a Islandia y las islas Británicas, hasta llegar a Gales y Cornualles. De allí lo tomaron los druidas bretones y galos, y a través de ellos ha llegado hasta nosotros.

Se trata de un rito de combinación de dos fuerzas muy poderosas: la energía del mar embravecido y la de las tormentas eléctricas en eclosión. Ambas fuerzas desatan una intensa tempestad de vibraciones muy difíciles de dominar. Por esa razón es imprescindible una profunda concentración, tanto mental como espiritual, y realizar con absoluta exactitud los distintos pasos del ritual.

La magia moderna recomienda no ejecutar este rito sin un motivo muy poderoso, ya que la tremenda sobrecarga energética que nos proporciona debe canalizarse inmediatamente y con buen fin.

EJECUCIÓN DEL RITO

Proveerse previamente de una farola cerrada, * *de un cayado o vara rígida de madera, de un collar de cobre, o que lleve piezas de ese metal, y de una tiza o rotulador rojo. Escoger una roca frente al mar, lo más elevada posible, y dirigirse a ella con tiempo tormentoso, en la primera hora de oscuridad.*

Trazar sobre el suelo de piedra una cruz dentro de un círculo.
Poner la vara y la farola en el suelo, frente al dibujo.
Colocarse sobre el signo dibujado, con los pies juntos mientras nos concentramos en la percepción sensitiva del cielo.
Cerrar los ojos y palpar con la yema de los dedos el collar de cobre, y el mar.
Coger la vara con ambas manos, alzar los brazos hacia adelante, y gritar con fuerza el siguiente conjuro:

---

* Puede utilizarse una lámpara de mecánico o de acampada, pero no las linternas comunes de luz dirigida en haz.

¡Gran poder de la Fuerza Universal,
ayúdame a superar este gran mal!
Sostener la vara con la mano izquierda, como un bastón, y coger
la farola con la derecha, alzándola ligeramente hacia adelante.
Visualizar un punto en el centro de la línea del
horizonte y concentrarse en él, sintiendo cómo la
energía se va incorporando a nuestro ser.

Nota: Conviene completar el paso final exclamando nuevamente el conjuro, sobre todo si en ese momento sentimos un impulso interior que nos pide hacerlo.

LA ESPIRITUALIDAD DE LA MONTAÑA
CREATIVIDAD Y TRASCENDENCIA

Las cumbres montañosas, por su sola presencia, nos sugieren ideas de espiritualidad y de trascendencia hacia lo elevado. Muchos escaladores célebres han relatado las extrañas sensaciones que se experimentan en las cimas de la Tierra, donde la mente parece abrirse y el cuerpo percibe físicamente la presencia de las energías cósmicas. Los montañistas describen estas sensaciones, pero no saben explicarlas. Desde luego, ellos no son expertos en la sabiduría astral.

Los estudiosos de la magia moderna atribuyen la intensa fuerza espiritual de la montaña a la conjugación de distintos factores. En principio, obviamente, la altura que la eleva sobre la superficie terrestre. Pero la altura por sí sola no favorece la espiritualidad, ya que si fuera así nos sentiríamos muy místicos al volar en avión, por ejemplo. Un factor sin duda fundamental es la forma cónica de los montes y picos montañosos. El cono sugiere el triángulo, que es uno de los signos cabalísticos de trascendencia, y la punta aguzada simboliza la flecha vertical, figura esotérica asociada al camino hacia el más allá.

Finalmente, pero no de menor importancia, está el factor sustancia. O sea, los metales y minerales que conforman la materia esencial de la montaña. No debemos olvidar que provienen del fuego eterno que arde en el interior del planeta, cuya energía busca reunirse nuevamente con la energía astral que le dio origen.

Las tradiciones mágicas de los pueblos de alta montaña, en lugares tan diferentes como el Perú de los incas o el Nepal de los *sherpas* coinciden en venerar a las cumbres como sitios especialmente dotados para la comunicación con los dioses y la invocación de los poderes que dominan las fuerzas naturales. Es decir, la energía que trasciende la naturaleza terrenal y se plasma en el ámbito infinito del cosmos.

PROPIEDADES DE LA MONTAÑA

Cuando decimos que la montaña se caracteriza por su fuerza espiritual, entendemos que sus vibraciones van más allá de lo mental y lo físico, aunque puedan utilizarse para fortalecer estos aspectos de la persona. Las cumbres montañosas favorecen, con su forma triangular y su carga de metales y fuego, una relación más profunda con aquellas energías del cosmos que trascienden nuestra condición humana.

Son vibraciones que impulsan el conocimiento infuso, que solo puede recibirse por revelación, el saber esotérico en el mejor sentido de la palabra, y el acceso a los poderes inmutables e inabarcables que están en la esencia del universo. Las fuerzas de la montaña nos ayudarán en todas las dudas y problemas de tipo moral y místico, en la búsqueda de una explicación para nuestro destino, y en el hallazgo de caminos rectos y luminosos para alcanzar una ética personal y una dimensión espiritual transpersonal.

MOMENTOS Y SITUACIONES

El ritual de la montaña debe realizarse bajo la luz del sol, a cualquier hora de un día de cielo despejado, y en ningún caso de noche o en los crepúsculos. La estación más favorable es la primavera, seguida del verano y el otoño, en ese orden. Aunque las montañas nevadas son muy bonitas, la acumulación de nieves y hielos obstruye buena parte de las vibraciones y dificulta su interrelación con las ondas astrales. Por tanto, no es aconsejable ejecutar el ritual en invierno.

Tampoco es necesario ascender al Everest ni sumarse a una expedición al Montblanc o a los Picos de Europa para invocar las energías de la montaña. Bastará con subir a la cumbre de una elevación considerable en relación al panorama que la rodea, y que no sea una simple loma o colina sino un monte o cerro integrado en lo que se considera un «paisaje o ámbito montañoso».

El ritual de la montaña

Cubrirse la cabeza con un sombrero o gorro de color rojo.
Formar con piedras un pequeño círculo
de un palmo de diámetro.
Meter en el círculo varias ramitas resinosas,
incluyendo pino y laurel.
Espolvorear con polvo de incienso o sándalo.
Encender las ramas con un fósforo de madera.
Unir las palmas de las manos sobre la cabeza,
alzando totalmente los brazos.
Cerrar los ojos y ejercitar una percepción
sensitiva de la montaña.
Bajar las manos unidas al pecho, mirar a lo alto, y
visualizar las energías que llegan a nuestro ser.

Consejo: La percepción sensitiva de la montaña es más sutil que en otros ámbitos naturales. Es importante sentir el aire de altura en la piel, oír el rumor del viento, o el propio silencio de la cumbre. Se aconseja también descalzarse para percibir con las plantas de los pies la fuerza que emana del interior.

AMULETO

Recoger un poco de la ceniza de las ramas consumidas y meterla en un saquito de piel o de tela natural. Este amuleto debe llevarse durante una semana en posición de «collar inverso», o sea, con el saquito colgando de la nuca.

LA AMPLITUD DEL DESIERTO
COMPRENSIÓN Y APERTURA MENTAL

Cualquiera que haya estado en el desierto sabe que se trata de un ámbito natural extrañamente mágico. Es un paisaje esencial, en cuya extensa austeridad el suelo y el cielo conjugan un amplio espacio en el que vibran ondas de luz que circulan con sinuosa libertad. Para sus habitantes, el conocimiento y canalización de esas vibraciones es fuente de vida, acopio de energías cósmicas, y guía de protección durante las travesías.

Las tradiciones mágicas de los pueblos del desierto son a la vez simples y profundas. La mayoría de ellos son o han sido tribus nómadas, marcadas por el traslado constante y la escasez. Sus brujos y hechiceros han elaborado a lo largo de siglos diversos ritos y sortilegios dirigidos a conjurar las energías cósmicas en favor de necesidades elementales como el sustento, la fertilidad y la protección contra los rigores del clima. Pero los largos viajes en caravana por las extensiones desérticas o las noches bajo un cielo en el que los astros y estrellas brillan con especial intensidad motivaron también en ellos el hábito de la reflexión y la contemplación, que son caminos hacia la sabiduría.

La brujería moderna ha recogido algunos ritos provenientes de este milenario contacto con la energía cósmica en el ámbito mágico de los desiertos, uno de los apartados más esotéricos dentro del valioso caudal de la sabiduría ancestral.

PROPIEDADES DEL DESIERTO

Las vibraciones astrales del desierto conjugan energías que protegen tanto los aspectos prácticos como los espirituales y sentimentales. Su fuerza nos ayuda a abrir nuestra mente para que hallemos soluciones nuevas e imprevistas a problemas y conflictos, al tiempo que ejerce una función enriquecedora y protectora de nuestras emociones y necesidades afectivas. En general, nos impulsa a ver las cosas bajo una nueva luz, generada por la mayor proximidad con los efluvios de la Energía Universal.

Los ritos del desierto favorecen una mayor claridad y decisión para enfrentar las vicisitudes de la vida cotidiana, pueden resolver inesperadamente situaciones trabadas por largo tiempo, y a menudo producen un cambio trascendental en nuestras actitudes, sobre todo en la relación con nosotros mismos y con los que nos rodean.

MOMENTOS Y SITUACIONES

Existe una marcada diferencia entre las vibraciones que emite el desierto durante el día y durante la noche. En principio, las vibraciones diurnas favorecen con mayor intensidad la solución de problemas concretos y prácticos, como los relacionados con el trabajo, la vivienda, el dinero, las compras y ventas, los contratos, negocios, y actividades en general. Las vibraciones nocturnas nos proveen energías más profundas y sutiles, dirigidas a asuntos mentales, espirituales y sentimentales. El amor, los afectos, los estudios, la creatividad, el discernimiento y los aspectos místicos o metafísicos son temas que conviene encomendar a la magia del desierto nocturno.

En ambos casos, el momento más intenso y apropiado para realizar el ritual mágico es en el inicio del ciclo. Es decir, en la primera hora de luz o la primera de oscuridad. En el desierto, como en otros ámbitos, la luna llena carga el aire con vibraciones especialmente poderosas.

Damos a continuación dos rituales sencillos, correspondientes al día y la noche, cuyos poderes permanecen activos hasta tres meses después de realizados.

Ritual diurno del desierto

Proveerse de un cuenco o jarro con agua (mejor si es de lluvia, o destilada). Si el suelo es arenoso, llevar una pequeña vara; si es duro, una tiza o rotulador blanco, así como algunas flores, también blancas o amarillas.

Con la vara o la tiza trazar un triángulo
cuyo vértice apunte al norte.
Inscribir un círculo en el centro del triángulo.
Sentarse en posición de loto frente a la base del triángulo.
Depositar las flores en el círculo.
Coger el cuenco de agua con ambas manos y llevarlo al pecho.
Concentrarse en la percepción sensitiva del desierto.
Cerrar los ojos y expresar el deseo con las propias palabras.
Coger las flores y echar siete pétalos en el cuenco.
Dejar caer lentamente el agua sobre el círculo y el triángulo.
Incorporarse y relajarse un momento contemplando el desierto.

Consejo: Es importante no expresar el deseo hasta sentir que las vibraciones del desierto están en nosotros, y al final concentrarse en la contemplación del paisaje, procurando visualizar su energía.

Ritual nocturno del desierto

Los elementos a utilizar son los mismos que en el ritual anterior, salvo que las flores deben ser rojas o naranja.

Trazar un círculo.
Inscribir en él un triángulo con el vértice hacia el sur.
Sentarse en posición de loto frente al vértice, mirando al norte.
Distribuir las flores en el perímetro del círculo.
Coger el cuenco de agua con ambas manos
y apoyarlo contra la frente.
Concentrarse en la percepción sensitiva del desierto nocturno.
Escoger al azar, por intuición, una estrella del firmamento.
Mirando fijamente la estrella, expresar
el deseo con palabras propias.
Echar lentamente el agua sobre las
flores, de izquierda a derecha.
Incorporarse y relajarse contemplando el desierto.

Consejo: No es necesario escoger la estrella más grande ni la más brillante, sino aquella que al recorrer el cielo con la mirada atrae de pronto nuestra atención. Sus vibraciones nos ayudarán a canalizar las energías cósmicas que deseamos convocar para alcanzar nuestro deseo.

LA FUERZA DE LOS RÍOS

PROTECCIÓN ANTE LOS CAMBIOS

Las culturas ancestrales sabían reconocer la fuerza mágica que fluye en los ríos y grandes corrientes de agua, que son símbolo de potencia y de movilidad. Los ríos representan la energía en movimiento, ya sea la que se desplaza serena en los valles y deltas, como la que corre buscando su camino en los arroyos y cauces de deshielo. En su mayor parte, los ríos son también mensajeros entre la montaña y el mar, entre el espíritu cósmico y las energías vitales de nuestro planeta.

Todos sabemos la importancia mística que tiene el Ganges, por ejemplo, para los brahmanes hindúes, y conocemos los baños de purificación y los ritos funerarios que aún hoy se cumplen en sus aguas. El Nilo, por su parte, era el centro vital y místico de las antiguas civilizaciones egipcias; y los pueblos europeos respetaban y veneraban los poderes mágicos del Rin o del Danubio. Incluso los hechiceros y chamanes de las tribus primitivas realizaban ritos y encantamientos relacionados con la fuerza cósmica de los grandes ríos, como el Congo o el Amazonas.

Hay pues una magia fluvial que se alimenta de fuentes milenarias, y que la hechicería moderna ha sintetizado en algunos rituales concretos y simples para detener y canalizar las vibraciones viajeras de las corrientes de agua.

LAS PROPIEDADES DEL RÍO

El río es agua que se traslada por un cauce, sorteando accidentes naturales de forma prefijada y continua. Siempre es igual, pero nunca es el mismo. Las energías cósmicas originales que trae desde su nacimiento se van enriqueciendo con las vibraciones que recoge a su paso por diversos ámbitos naturales y bajo cielos distintos.

Estas propiedades se reflejan en la intensidad de su poder mágico: es amplio y flexible, pero transcurre de forma ordenada, emitiendo vibraciones de diverso tipo que se renuevan continuamente. Protege a los viajeros y a los que tienen una profesión itinerante; a los enamorados que deben separarse; a los que estudian o trabajan en un sitio distinto al de su hogar; y en general ayuda en las búsquedas de cualquier tipo, en la organización de asuntos complicados, y en temas relacionados con traslados y cambios.

MOMENTOS Y SITUACIONES

Se dice que las vibraciones del río se sumergen en momentos de gran intensidad cósmica, para no ser perturbadas en su viaje hacia el mar. Por eso es preferible relacionarse con él en fechas no señaladas del calendario mágico, y en las horas neutras del día. Estas son la mitad de la mañana y de la tarde, o sea, entre el amanecer y el mediodía o entre el mediodía y el atardecer. En noches de luna llena el río, como todos los elementos de agua, beneficia especialmente los temas sentimentales y de relaciones personales.

Un consejo importante en los rituales fluviales es no tocar el agua. Lo mejor es situarse en el centro de un puente, en un punto equidistante de las dos orillas, y si esto no es posible en una de ellas, siempre mirando de frente al sentido de la corriente.

Ritual purificador y protector del río

Previamente al ritual armar una corona de margaritas blancas o amarillas y recoger unas hojas de chopo, sauce u otro árbol de la ribera. Es necesario quitarse las joyas y objetos metálicos, incluidos hebillas o prendedores de pelo.

Situarse de frente a la corriente del río.
Alzar la corona de flores y bajarla lentamente
hasta calzarla en la cabeza, concentrándose en
la contemplación del agua que corre.
Bajar los brazos, cerrar los ojos y realizar
una percepción sensitiva.
Abrir los ojos y arrojar a la corriente las nueve hojas de árbol.
Tender las manos sobre el agua, con las palmas
hacia abajo y los dedos abiertos.

Procurar sentir el roce de las vibraciones en
la palma y las yemas de los dedos.
Girar de espaldas a la corriente, y quitarse
la corona con ambas manos.
Llevar la corona al vientre, el pecho y la
frente, y luego arrojarla al río.
Relajarse contemplando la corona que se aleja.

LOS VALLES Y PRADERAS

SALUD, DINERO Y AMOR

Algunas corrientes de la magia moderna restan importancia a las energías de estos ámbitos naturales, por con-
siderarlos menores frente a la imponencia del mar, el bosque o la montaña. Nosotros mantenemos el principio de
que todo entorno ecológico produce una interrelación
de fuerzas entre la Tierra, el cosmos y la naturaleza, y que
esas fuerzas pueden ser convocadas y canalizadas con fines protectores.

Lo mismo pensaban los brujos y hechiceras de la Antigüedad, que siempre buscaban la relación con el medio
natural, cualquiera que este fuera, para efectuar sus rituales y sortilegios. Algunos ejemplos son los numerosos
hechizos de los mongoles y tártaros, jinetes de estepas y

praderas; así como las artes mágicas de los brujos y chamanes de las tribus de las llanuras norteamericanas y, en lo que hace a los valles, el célebre ámbito de fuerzas sobrenaturales que constituyen los valles de los Cárpatos, especialmente en Transilvania.

PROPIEDADES DE LOS VALLES Y PRADERAS

Las vibraciones de los valles y praderas rara vez son específicas, y se dirigen en general a la protección del viejo triángulo de la felicidad y el bienestar: salud, dinero y amor. Como veremos a continuación, estos tres campos marcan el tipo de sortilegio y el momento en que conviene realizarlo. En cualquier caso, es muy importante obtener un alto grado de concentración durante la ejecución, para lograr convocar el mayor número de vibraciones favorables.

MOMENTOS Y SITUACIONES

Los valles y praderas son tanto ámbitos diurnos como nocturnos, y conviene escoger distintos momentos según el tema que se quiere proteger y potenciar: para la salud, el amanecer o la primera mañana; para el dinero, el mediodía de un día soleado; para el amor, el atardecer o las primeras horas de una noche de luna creciente o plenilunio. La primavera y el verano son las estaciones más favorables, el otoño tiene menos potencia, y no se aconseja realizar estos sortilegios en invierno, en el que suelen prevalecer las fuerzas del Mal. El ejecutante debe situarse en un lugar desde el que domine el mayor panorama del ámbito natural, en lo posible mirando al norte o al este.

Sortilegio polivalente de valles y praderas

Los pasos de este sortilegio son los mismos en cualquier ámbito; solo varía el metal del objeto que se utiliza como talismán, según el tema que se desea potenciar y proteger:

Para la salud - *un objeto de hierro.*
Para el dinero - *un objeto de oro o de plata.*
Para el amor - *una gema o piedra de cristal.*

1

Trazar un triángulo de un palmo de lado sobre el suelo de tierra.
Cavar un hoyo pequeño en el centro del triángulo.
Colocar en el interior del hoyo el objeto talismánico.
Cubrirlo con hojas de hierba del lugar
y algunas semillas de sésamo.
Cubrir con tierra y colocarse encima con los pies juntos.
Concentrarse en la percepción sensitiva del paisaje.
Coger un poco de tierra y guardarla en un saquito de
lana, que se llevará encima hasta el paso siguiente.

2

(24 horas después)

Volver al lugar y redibujar el triángulo.
Colocarse sobre él, cerrar los ojos y
expresar mentalmente el deseo.
Extender los brazos en cruz y visualizar las vibraciones.
Coger la tierra del saquito y esparcirla al aire.
Meter en el saquito las hierbas, el
sésamo y el objeto talismánico.
Llevar este talismán consigo durante un mes.

Consejos: Es importante que el plazo de veinticuatro horas sea lo más exacto posible, porque a partir de ese momento las vibraciones comienzan a difuminarse. El mes mágico incluye veintinueve noches, a partir de la primera noche después de completar el sortilegio. Al día siguiente de la noche vigésimonovena, se debe quemar el saquito sin abrirlo.

Los rituales atmosféricos

¿Quién no ha oído hablar de los poderes mágicos de las noches de tormenta, o de las virtudes purificadoras que contiene la lluvia? Los fenómenos atmosféricos son un elemento más en la relación de nuestro planeta con el cosmos y con la energía universal. En ellos intervienen todas las fuerzas solares, lunares y terrestres, que influyen en la formación de las nubes, la dirección de los vientos y los cambios de temperatura y de presión, por medio de frentes que chocan entre sí y se desplazan unos a otros en el cielo planetario.

Si hemos buscado las vibraciones favorables de un solsticio o de una noche de plenilunio, sin duda las encontraremos también en las nubes que flotan sobre nosotros, en la lluvia cuyo poder alimenta los cultivos, o en la tormenta que parece desatar en el cielo todas las energías astrales. Los fenómenos climáticos provocan una carga energética tan concentrada, que casi me atrevería a decir que basta con sentirlos y visualizar su fuerza para recibir sus vibraciones positivas. Pero no está de más reforzar esta actitud receptiva con algún ritual sencillo que nos ayude a concentrarnos, como los que explicamos un poco más adelante.

PROPIEDADES DE LOS FENÓMENOS CLIMÁTICOS

Los fenómenos climáticos son, en general, efímeros. Duran algunas horas o quizá unos pocos días, pero su esencia es la fugacidad. Aparecen de pronto y se esfuman como han llegado, sorprendiendo incluso a los meteorólogos que intentan vaticinar sus movimientos. Por eso sus energías se concentran en asuntos concretos y puntuales, con una gran fuerza para resolverlos en el momento, pero sin que sus efectos benéficos duren demasiado tiempo.

He aquí una lista de los asuntos que cada fenómeno puede proteger y solucionar con mayor potencia cósmica.

Nubes que cubren el cielo: filtran las vibraciones negativas y pueden ser muy favorables en asuntos próximos y personales. Favorecen las relaciones sentimentales y preservan la unidad de la pareja y la familia, así como la seguridad del hogar. Protegen también las tareas artesanas y manuales y la salud de la piel y el cabello, a veces con efecto rejuvenecedor.

Tormenta eléctrica: es un tipo de fenómeno que puede pasar sin más, o producir una lluvia o tempestad poco después. En el momento de alto intercambio y choque de energías eléctricas, los truenos y relámpagos expresan la eclosión de vibraciones que favorecen los asuntos mentales e intelectuales, los estudios y trabajos difíciles y el discernimiento para resolver problemas complejos. Las ondas de tormenta preservan también la salud psíquica y el equilibrio emocional, así como los problemas circulatorios y neurológicos.

Lluvia torrencial: la lluvia es la gran purificadora, que aleja de nosotros las fuerzas del Mal y nos absuelve de seguir pagando por los errores del pasado. Sus especiales vibraciones favorecen el comportamiento adecuado en situaciones difíciles y nos ayudan a poder expresar y recibir afecto. Tiene gran poder en asuntos de relaciones personales y en situaciones de prueba o de cambio. Sus dotes benéficas alivian los problemas gastrointestinales y fortalecen los órganos internos en general.

Temporal de lluvia y viento: no en vano es el fenómeno climático más aparatoso, en el que las fuerzas astrales se desequilibran con gran facilidad. Cuando prevalecen las energías del Mal, pueden desencadenar una tempestad huracanada que arrase cultivos y viviendas. Pero generalmente es el Bien el que domina la situación, produciendo temporales moderados que liberan vibraciones favorables para muchos aspectos de nuestra vida. Entre ellos la fuerza física y psíquica, la fertilidad, la potencia y disfrute sexual, la autoestima y la capacidad de convencer y atraer a los demás.

Veamos ahora cuatro sencillos rituales para cada uno de estos fenómenos:

RITUAL DEL CIELO ENCAPOTADO
(HORA FAVORABLE: ALREDEDOR DEL MEDIODÍA)

Colocarse al aire libre o en un sitio que
permita ver buena parte del cielo.
Sentarse en posición de loto, con un paño verde en el regazo.
Contemplar detenidamente las nubes, visualizando sus energías.
Colocar en el centro del paño una moneda, un anillo y una flor.
Coger los extremos del paño y elevarlo
con los brazos extendidos.
Cerrar los ojos y concentrarse con fuerza en el deseo.
Abrir los ojos y mirar nuevamente las nubes, sintiendo
las vibraciones que llegan a nuestro ser.
Dejar el paño bajo las nubes y llevar consigo los
objetos talismánicos hasta que vuelva a salir el sol.

Consejo: No envuelvas juntos los objetos, ni los metas en un saquito de amuletos. Lleva el anillo normalmente y la moneda en el bolso o en un bolsillo, separada de las otras monedas. Si no puedes llevar la flor contigo durante el día, colócala debajo de tu almohada una noche completa. No olvides recoger el paño apenas reaparezca el sol.

RITO PURIFICADOR DE LA LLUVIA
(HORA FAVORABLE: AL ATARDECER)

Pese a que pueda parecer muy romántico, no es bueno colocarse directamente bajo la lluvia o dejarse empapar por ella. Podríamos cubrirnos de vibraciones equivocadas, que estropearían el sortilegio. Debemos colocarnos ante una ventana abierta, o en una galería o patio cubierto.

Llevar el pelo suelto y los hombros
cubiertos por un paño blanco.
Encender una vela blanca en un sitio protegido del aire.
Colocarse entre la lluvia y la vela, de espaldas a esta.
Separar y abrir totalmente los brazos, un poco alzados.
Cerrar los ojos y concentrarse en una
percepción sensitiva de la lluvia.
Bajar los brazos, llevarlos hacia atrás,
y dirigir el rostro a la lluvia.

Concentrarse con fuerza en la expresión del deseo.
Abrir los ojos y visualizar las vibraciones que llegan a
nuestro ser, canalizadas por la llama de la vela.
Rodear la base de la vela con el paño, y
dejarla consumir en el mismo sitio.

Consejo: El paso más importante del sortilegio es la visualización de las vibraciones. Intenta imaginar la llama a tu espalda, y las ondas que se desprenden atraídas por ella y penetran en tu cuerpo y tu mente para ayudarte en tu deseo.

RITUAL ENERGÉTICO DE LA TORMENTA
(HORA FAVORABLE: CUALQUIER MOMENTO DEL DÍA)

Al advertir que se inicia la tormenta, quitarse los adornos y joyas y situarse tras una ventana u otro sitio que nos separe del exterior por un cristal.

Pasar un anillo de oro por una cinta azul y atarla sobre la frente.
Recortar un triángulo de papel y encender
en cada vértice una vela roja.
Arrodillarse frente a las velas, mirando a la tormenta.
Concentrarse en visualizar las energías y fuerzas cósmicas.

Esperar un relámpago, cerrar los ojos y abrirlos al oír el trueno.
Sentir cómo ese fenómeno nos trae vibraciones
que penetran por el anillo.
Apagar las velas, envolver el anillo con el papel triangular,
y colocarlo durante siete noches debajo de la almohada.

Consejo: Es preferible no usar el anillo durante el tiempo en que actúa como talismán nocturno. Si es imprescindible hacerlo, pásalo por la frente antes de colocártelo y después de quitártelo, y envuélvelo enseguida de nuevo en el papel triangular. Este debe quemarse una vez que se han cumplido las siete noches.

RITUAL DEL GRAN PODER DE LA TEMPESTAD

(HORA FAVORABLE: TODAS LAS DE LA NOCHE)

Colocarse en un sitio similar al del ritual anterior, con las luces apagadas, mientras afuera arrecia la tempestad.

Llevar ropa clara que nos cubra hasta los
pies, que deben estar descalzos.
Dibujar en un cartón o cartulina una
estrella roja de cinco puntas.

Colocar el cartón en posición vertical,
entre nosotros y la ventana.
Encender una vela blanca en un candelero o un cuenco.
Sostener la vela al frente con ambas manos,
de forma que veamos su llama.
Mirando fijamente la llama, concentrarse
en los sonidos de la tempestad.
Pasar la vela a la mano derecha.
Concentrarse un momento en los vértices de la
estrella, de izquierda a derecha, y en cada uno
visualizar una vibración que llega a nosotros.
Al concentrarse en cada vértice, tocar con la mano izquierda un
punto de nuestro cuerpo: frente, nariz, boca, pecho y abdomen.

Consejo: Siempre que sea posible, colocar el cartón en posición horizontal antes de retirarse, situar la vela encendida en el centro de la estrella y dejarla consumir. Esto ayuda a dispersar las vibraciones negativas que puedan haberse colado durante el ritual.

Los cuatro vértices del día

Como todos sabemos, un día corresponde al tiempo que tarda la Tierra en girar completamente sobre sí misma, siguiendo un eje de rotación que va de polo a polo. El calendario actual divide cada día en veinticuatro horas, con sus correspondientes minutos y segundos. Esto es una convención para medir de alguna forma el tiempo, y que deja de lado la gran división astral entre las horas de sol y de oscuridad. Estos dos grandes momentos de cada día son más importantes para la magia ancestral que las horas del reloj, que cambian en cada lugar del mundo y a menudo en el mismo sitio, según la estación del año.

EL DÍA Y LA NOCHE

Aunque el día abarque las veinticuatro horas que dura la rotación de nuestro planeta, todas las lenguas suelen distinguir el día propiamente dicho (o «pleno día») de las horas de sombra que abarcan la noche. Desde la más remota Antigüedad, la diferencia entre la noche y el día, entre la luz y las tinieblas, ha simbolizado innumerables virtudes y poderes opuestos.

Se atribuyen al día, durante el reinado del sol, energías positivas que favorecen la fuerza, la potencia, la fertilidad y todos los asuntos que necesitan claridad. La luz del astro rey protege todo tipo de actividades físicas, desde la guerra hasta las relaciones sexuales, pasando por los deportes y las tareas prácticas, oficios y artesanías.

La noche, bajo el imperio de la luna, expande vibraciones más profundas y sutiles. No es casual que muchos grandes artistas o literatos sean creadores nocturnos, o que todos sintamos una especie de recogimiento cósmico, de consubstanciación con el universo, al contemplar en silencio la bóveda del cielo sembrada de estrellas. La noche favorece el amor y los sentimientos, la sensibilidad artística y estética, los asuntos místicos y espirituales y, en general, todo aquello que por su delicadeza o complejidad requiere el auxilio de la sabiduría emocional de la luna.

Debemos aclarar que la magia moderna no apoya la antigua superstición, aún vigente en muchas culturas, de que la noche es el refugio de las fuerzas del Mal y el día supone el reinado del Bien. Este prejuicio se arraigó hondamente en los tiempos antiguos y el medievo, en razón de condiciones históricas y culturales. En esas épocas la noche resultaba realmente más peligrosa, ya que la oscuridad favorecía la depredación y la delincuencia. Por otra parte, las tinieblas permitían imaginar demonios y monstruos más difíciles de inventar en la claridad del día, y así el temor y la ignorancia llevaron a atribuir a la noche males e infortunios entonces inexplicables.

La noche y el día solo son tales en la Tierra, y no en el cosmos, que intercambia sus energías con ella durante toda la eternidad, enviando a cada momento vibraciones positivas y negativas. Otra cosa es, como se ha dicho antes, que la luz del sol potencie determinadas vibraciones y las sombras de la noche favorezcan otras. Pero todas están allí en todo momento, y el saber convocarlas y conducirlas es la ciencia de la hechicería.

LOS CREPÚSCULOS

El día no se transforma bruscamente en noche, ni esta se ilumina de pronto en un nuevo día. Este proceso se da en dos momentos de transición, más o menos prolongados, que corresponden al ocultamiento del sol en el poniente y su reaparición en el levante. Esto ocurre en horas distintas, según la fecha y el punto de la Tierra en que nos encontremos, según nos situemos en un horizonte de mar o de montaña, y también según la presencia y altura de las nubes en el cielo. La astronomía llama «crepúsculos» a estos dos momentos, aunque la costumbre popular utiliza este nombre para referirse solo al atardecer. También en la tradición popular se atribuye a este crepúsculo un talante decadente y melancólico, y al amanecer un carácter alegre y esperanzado, sin duda por influencia de la superstición que hemos mencionado. En realidad, todos sabemos que hay atardeceres plenos de disfrute y creatividad, y amaneceres marcados por el desconcierto o la desesperanza.

Desde el punto de vista de la magia moderna, los crepúsculos son «horas brujas» en las que la transmutación del aire y la luz crea ámbitos especiales de energía cósmica. Junto con la consagración del sol a mediodía y el instante mágico de la medianoche, forman los cuatro vértices de gran poder del día, cuya fuerza puede ayudarnos a ser más hechiceras.

LOS CUATRO RITOS CIRCADIANOS

Circa significa en latín «cerca» o «alrededor de». La psicología y la medicina utilizan el término «circadiano» para referirse a los ciclos y ritmos que se inscriben dentro de las veinticuatro horas de cada día, como el sueño, el apetito o las deposiciones. La magia moderna tiene también sus ritos circadianos, relacionados con los cuatro vértices del día, y que conviene repetir cotidianamente.

Todos ellos son ritos cuerpo-mente, por lo que no se necesitan elementos especiales ni sortilegios. Solo hace falta una concentración intensa, y la ejecución cuidadosa de los gestos y actitudes que se indican en cada caso. Deben realizarse a solas, en un ambiente tranquilo, que siempre que sea posible debe ser el propio hogar.

Lo más conveniente es escoger uno de los cuatro vértices para nuestro rito cotidiano, y recurrir a los otros solo ante una necesidad o problema relacionado con el poder especial de cada uno de ellos. Nuestro rito circadiano nos dará una limpieza y protección general contra las fuerzas del Mal, al tiempo que fortalece y enriquece nuestras energías positivas para afrontar las circunstancias de cada día. Nos mantiene también en forma para dominar y canalizar las vibraciones astrales cuando realizamos otros rituales, hechizos o sortilegios.

Toda bruja moderna debe tener la constancia de atender a su rito circadiano, y es aconsejable prepararse con el rito del vértice adecuado antes de ejecutar un acto mágico.

La elección de nuestro rito circadiano personal depende del momento del día en que nos encontramos más tranquilas, apartadas de obligaciones personales, familiares o laborales. Quien acostumbra a levantarse pronto y con tiempo, puede escoger el rito del amanecer; o quien permanece despierto hasta tarde, el de la medianoche. Si tenemos la suerte de disponer de dos o más vértices del día, podemos elegir aquel cuyas fuerzas especiales se correspondan mejor con nuestra personalidad o protejan puntos débiles de nuestro carácter o situación personal. Pero una vez que hemos escogido uno, debemos mantenerlo diariamente por lo menos durante un año.

A continuación explicamos los cuatro ritos circadianos, indicando las fuerzas especiales (EE.) de cada uno. Se debe tener en cuenta que, cualquiera que sea su fuerza especial, todos ellos ofrecen en principio protección y energías benéficas en general.

RITO DEL AMANECER

(EE.: AMOR, INICIATIVA, CAMBIOS)

Este rito debe realizarse en una habitación oscura y silenciosa, en los primeros momentos en que comienza a despuntar la luz del día.

Situarse frente a una ventana, con los
brazos a lo largo del cuerpo.
Contemplar la luz naciente y percibir su poder.
Separar lentamente los brazos hacia los lados,
como acompañando el amanecer.
Al llegar a la altura de los hombros, concentrarse intensamente.
Cerrar los ojos y continuar alzando los brazos.
Al unir las manos sobre la cabeza, efectuar
siete inspiraciones profundas.

Consejo: Al retirarse de la habitación, hacerlo sin dar la espalda a la luz del amanecer.

RITO DEL MEDIODÍA

(EE.: ÉXITO, DINERO, TRABAJO)

Lo ideal es realizar este rito en el momento en que el sol llega al máximo punto perpendicular a la Tierra. Si no es posible comprobar esa posición, hay que realizarlo en la hora de reloj que va entre las doce y la una.

Si el tiempo lo permite, debemos situarnos en el exterior, mirando al sol o a su punto de luz entre las nubes. Si no, podemos hacerlo en una galería o tras una ventana, siempre que nos dé de pleno la luz del día.

Llevar solo una joya o adorno, de oro o de plata.
Pararse frente a la luz del sol, con los pies bien separados.
Levantar lentamente los brazos hacia
adelante, con las palmas hacia arriba.
Concentrarse en visualizar las energías
solares que llegan a nuestro ser.
Separar los brazos a los lados, alzándolos hasta
que formen una X con las piernas.
Cerrar los ojos y efectuar las siete inspiraciones profundas.

Consejo: Al finalizar, permaneceremos un momento en el lugar, con los pies juntos y los brazos relajados. Bajaremos

la cabeza y repasaremos mentalmente los puntos fundamentales de nuestro cuerpo.

RITO DEL ATARDECER
(EE.: SERENIDAD, LUCIDEZ, EQUILIBRIO PSÍQUICO)

Este rito debe realizarse en una habitación sin luz artificial
y en silencio, en los últimos momentos del crepúsculo de
la tarde.

Sentarse en posición del loto, de frente a la luz del día.
Bajar lentamente el torso y la cabeza, como
siguiendo la declinación del sol.
En esa posición, visualizar las delicadas
vibraciones del crepúsculo.
Levantarse poco a poco, aspirando al
hacerlo y deteniéndose al espirar.
Cerrar los ojos, llevarse una mano a la frente y la otra a la nuca.
Sentir que las energías llegan a la cabeza
y se expanden por el cuerpo.
Relajarse y esperar a que oscurezca
totalmente para incorporarse.

Consejo: El momento esencial de este rito es cuando el torso se levanta para convocar a las vibraciones favorables. Es importante coordinar el movimiento con la respiración profunda, deteniendo el movimiento por lo menos tres veces, al espirar.

RITO DE LA MEDIANOCHE

(EE.: SALUD, SABIDURÍA, FUERZA MENTAL)

Dado que no es posible establecer el momento de la medianoche por indicadores naturales, este rito debe iniciarse exactamente a las doce de la noche, según el horario de reloj. Si el tiempo lo permite, es mejor ejecutarlo en el exterior, o en contacto con el aire de la noche y/o la luz lunar.

Arrodillarse en el suelo, sentándose sobre los talones.
Colocar la mano derecha en el pecho y
la izquierda sobre el vientre.
Cerrar los ojos y visualizar la sutil energía de la noche.
Alzar los brazos y cruzar ambas manos sobre la cabeza.
Realizar siete inspiraciones profundas, sintiendo
las vibraciones que llegan a nosotros.
Dejar caer los brazos y relajarse con los ojos cerrados.

Consejo: Si este rito no se utiliza cotidianamente, y se recurre a él para apoyar un asunto específico, debe hacerse en noche de plenilunio o con la luna en cuarto creciente.

SEGUNDA PARTE

Hechizos y amuletos para mejorar tu vida

Los poderes de la magia cotidiana

En este segundo apartado de nuestro libro entraremos directamente en la ejecución de hechizos y la confección de amuletos, que tú misma podrás realizar para ayudarte y ayudar a los demás. Si hasta aquí hemos visto cómo las diversas circunstancias y fenómenos planetarios y naturales pueden ofrecernos energías preventivas y protectoras, ahora veremos cómo la magia moderna puede apoyarte en la solución de problemas concretos, dándote fuerza cósmica para afrontar los disgustos y adversidades en el plano personal y sentimental, así como en los inconvenientes de la vida cotidiana.

Como podrás ver, cada hechizo o amuleto tiene un fin particular y su realización es relativamente sencilla, utilizando elementos cotidianos o que pueden conseguirse con facilidad. Para definir mejor sus poderes los hemos dividido en hechizos protectores y hechizos liberadores, pero debes tener en cuenta que todo lo que protege también libera, y que lo que nos libera también nos protege. No es un juego de palabras sino la expresión de los fines esenciales de nuestra magia, que es a la vez protectora y liberadora, porque es la magia de la energía luminosa y de las fuerzas cósmicas que pueden cambiar tu vida.

Ya sabes que es importante ejecutar cada paso del hechizo con exactitud, y utilizar los elementos indicados, cuidando que los objetos rituales presenten una limpieza que favorezca la canalización de las vibraciones. También tú debes prepararte para absorber y canalizar las energías mágicas, a través de la concentración mental, la apertura espiritual y la absoluta higiene de tu cuerpo, tus cabellos y tus ropas.

Si no estás segura de cada paso, repásalos antes mentalmente, y asegúrate de que dispones a mano de todo lo necesario para la realización del hechizo. La magia pierde su sortilegio si interrumpes la ejecución para buscar una hierba que quedó en la cocina o los fósforos que se te han olvidado. Tenlo en cuenta, porque son descuidos bastante frecuentes en las brujas novatas, y de los que tampoco estamos a salvo las profesionales.

EL CASO DE LA VELA ROJA

Mi último despiste fue durante la ejecución de un hechizo bastante complicado, que requería en sus pasos finales encender una vela nueva de color rojo. Como bruja previsora que soy, había comprado en la cerería velas de varios colores para reponer mi provisión de elementos mágicos. Y como bruja práctica, coloqué una caja de velas nuevas cerca de mi mesa de trabajo, cerciorándome por la etiqueta de que era la que contenía las rojas. Cuando ya había realizado muy concentrada los cinco primeros pasos del hechizo, abrí la caja y me quedé sin habla y sin concentración: en el interior había solo velas verdes, sin duda por un fallo del fabricante al pegar las etiquetas.

Cuento esta anécdota como ejemplo de que a veces las brujas también caemos en la rutina y el descuido, por apresuramiento o exceso de confianza. Por supuesto, yo debería haber comprobado que en la caja había en efecto velas rojas, y no fiarme solo de la etiqueta. Es pues importante controlar que todo sea como debe ser, y una vez que nos hemos asegurado de que es así, volverlo a controlar.

El control, el cuidado, la exactitud y la concentración no nos aseguran por sí solos el éxito de un hechizo. Aunque son actitudes imprescindibles en una bruja moderna, necesitan también el apoyo de la fe y la confianza en el poder de la energía cósmica y en nuestra capacidad de convocar y guiar sus vibraciones hacia el fin que nos proponemos. Y aun así, a veces un hechizo puede fallar; lo que no debe debilitar nuestra voluntad de transformarnos en buenas brujas y en brujas buenas, alejando para siempre el Mal de nuestras vidas.

Magia protectora

I.
Amparo general contra el mal

Este es un conjuro de protección que puede servir en todas aquellas situaciones en las que pienses que se pueden generar malas energías.

Ana es una clienta mía, que en su trabajo tenía que pasar por varias pruebas para ascender de puesto. Se trataba de un cargo superior que le interesaba mucho, pero había varios candidatos para ocupar ese lugar. Ella estaba convencida de que su ansiedad y sus nervios generarían energías negativas durante la elección, que le perjudicarían. Por ese motivo vino a consultarme, como ya había hecho en otras ocasiones.

Las dos juntas trabajamos en la preparación de un conjuro para protegerla de esas energías negativas y neutralizar su efecto en las pruebas laborales. Ana quedó protegida, y además consiguió el cargo que deseaba.

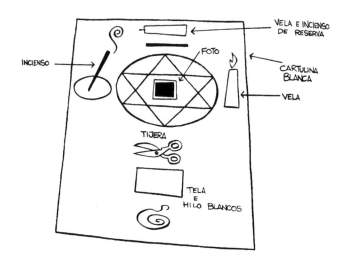

Material necesario

1 cartulina blanca	Pegamento
1 pluma o rotulador rojo y	2 velas blancas
1 azul	2 inciensos
1 fotografía tuya	1 trozo de tela blanca
1 tijera	Hilo blanco
Incienso	Cerillas de madera

Preparación

Colocas la cartulina de tamaño folio en una mesa, en vertical hacia ti, Con la pluma roja dibujas un triángulo con el vértice hacia arriba, y encima un triángulo azul con el vértice hacia abajo. De esta forma se dibuja un hexagrama, una estrella de seis puntas, más conocida como la Estrella de David. Rodeamos la estrella con dos círculos concéntricos, el primero toca los vértices de la estrella y el segundo rodea al conjunto.

En el centro de la estrella colocas la foto, de forma que no tape ninguna de las líneas trazadas, la pegas con el pegamento para que quede bien adherida al hexagrama. A tu derecha colocas una vela y a tu izquierda un incienso. Enciende ambos con las cerillas de madera. El otro incienso y la vela que queda los colocas horizontalmente, sin encenderlos, en la parte superior de la estrella. En la parte inferior del dibujo colocas la tijera, el trozo de tela y el hilo.

Esta primera parte del conjuro debes realizarla cuando el sol esté alto, por la noche del mismo día, debes encender el incienso y la vela que habías reservado, en el mismo orden que los anteriores. Al día siguiente recorta con la tijera el dibujo, con cuidado de no despegar la foto. Lo colocas en el trozo de tela blanca y lo atas con el hilo; si el dibujo es demasiado grande, puedes doblarlo para que te quepa. Lleva siempre encima el pliego con la tela y el dibujo, te protegerá de las energías negativas. Haz la prueba y verás que el resultado te sorprenderá.

2.
Contra la confusión y el desconcierto

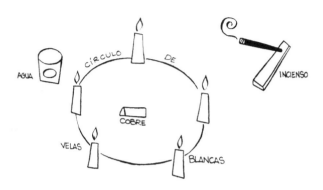

Este ritual es muy útil para aquellos momentos en los que nos sentimos confusos y desorientados. Cuando te sientes estresada, confundida y notas que no puedes pensar con claridad. Si necesitas esclarecer tus ideas y poner en orden tus pensamientos, este ritual es muy fácil de hacer y puede ser de gran utilidad. Se puede repetir todas las veces que lo creas necesario, pero tiene que realizarse siempre en lunes.

Material necesario

5 velas blancas	1 incienso
1 vaso de agua	1 trozo de tela blanca
1 trozo de cobre	Cerillas de madera

Preparación

Enfrente de una mesa, colocas el vaso de agua a tu izquierda, y a tu derecha el incienso. A la misma altura, entre el agua y el incienso pon una vela. Un poco más abajo coloca otras dos velas y otras dos más debajo de las anteriores, de forma que entre todas las velas quede formado un círculo. En el centro del círculo coloca el trozo de cobre. Enciende las velas (siempre con cerillas de madera) y mientras se consumen las velas, proyecta hacia el vaso de agua todas tus energías negativas. La confusión que te está bloqueando y lo que te produce desconcierto debes proyectarlo hacia el vaso de agua. Cuando se hayan consumido las velas tira el agua en el inodoro y pon el trozo de cobre en la tela blanca (natural) y llévala contigo en un lugar donde esté en contacto con tu cuerpo.

Si deseas repetir el ritual, puedes utilizar el mismo trozo de cobre; solo hace falta que lo laves con un poco de agua y lo seques bien. De este modo eliminas la energía negativa que pueda haber acumulado.

3.
Protección contra vecinos insidiosos

Es conveniente realizar este ritual en un día de luna llena. Si no puedes esperar o no tienes manera de saberlo, puedes hacerlo al mediodía, cuando el sol esté alto.

Material necesario

1 cartulina blanca
1 pergamino o papel
    reciclado
1 vaso de agua
1 barrita de incienso
1 vela roja

1 cuenco de barro
Tijera
1 pluma de color rojo
Pegamento
1 puñado de tierra o de sal

114

Preparación

En una cartulina blanca de tamaño folio, dibuja con la pluma de color rojo una estrella de cinco puntas (pentagrama) siempre con una punta hacia arriba. Rodea la estrella con dos círculos concéntricos de forma que el interior toque las puntas de la estrella. Con la misma pluma escribe en un trozo de pergamino (si no lo consigues puedes utilizar un pedazo de papel reciclado) la siguiente frase:

«Con el poder que se me otorga, pido a la energía de los elementos que todo el mal que me puedan desear mis vecinos se transmute en bien para mi hogar y para todo el que traspase mi umbral».

De esta manera, no devuelves el mal, sino que lo transmutas en bien. Luego pegas el pergamino en el centro del pentagrama. En el vértice superior de la estrella, colocas el incienso encendido; en la parte de abajo, pon el cuenco de barro con la tierra o la sal en su interior. A tu izquierda, coloca el vaso con agua y a tu derecha, la vela encendida.

Canaliza y pide la energía del universo y de la tierra (la telúrica) y envíala hacia el pergamino; mientras, lees varias veces lo que has escrito en el pergamino. Repítelo las veces necesarias y quédate el tiempo que haga falta. Cuando se hayan consumido la vela y el incienso, recorta el pentagrama y cuélgalo a la entrada de tu casa. Puede estar en un rincón o escondido, pero debe estar lo más cerca posible de la puerta de entrada a tu hogar.

Si has utilizado tierra para este ritual, añádela a tus plantas; si has usado sal, tírala por el inodoro junto con el agua del vaso.

4.
Para ganar un juicio

Material necesario

1 cristal de obsidiana   Sal marina

1 vaso de agua   1 vela azul

Preparación

Prepara y purifica un cristal de obsidiana. Déjalo toda una noche en un vaso de agua con un puñado de sal marina. Al día siguiente, sácalo del agua y déjalo al sol para que se cargue de energía. Lo puedes dejar durante varios días, pero nunca menos de un día.

En día jueves pon el cristal al lado de una vela azul y deja que esta se consuma totalmente. Luego lleva contigo la obsidiana hasta que llegue el día del juicio. Mientras se esté celebrando el juicio coge el cristal con tu mano derecha y apriétalo hasta que termine el proceso. Si la verdad es tuya, ganarás el juicio.

5.
Para los estudios y exámenes

Material necesario

1 vela azul	1 cartulina azul
1 vela amarilla	1 pluma
2 trozos de cinta amarilla de	
unos 40 cm cada uno	

Preparación

Enciende las dos velas, colocándolas en el suelo, una a cada lado, con el espacio suficiente para moverte entre las dos. Coge los dos trozos de cinta amarilla y haz un nudo doble (para que no se desate), por cada asignatura que tengas que pasar. Entre cada nudo deja un espacio suficiente y reza una oración (la que más te guste). Una vez hechos todos los nudos deja la cinta al lado de la vela amarilla. Escribe sobre la cartulina los nombres de todas las asignaturas que tienes, uno debajo del otro, dejando entre ellos un espacio suficiente. Deja la cartulina al lado de la vela azul. Coge todos tus libros de estudio y pásalos uno a uno por encima del humo de cada vela. Cuando las velas se hayan consumido, que puede ser bastante más tarde o al día siguiente, recorta los nombres de cada asignatura de la cartulina azul. Deben quedar los nombres intactos y legibles y los guardas en una caja.

Cada vez que estudies, coge la cinta amarilla, la caja con los nombres de las asignaturas y enciende una vela amarilla. Si cuando acabes de estudiar la vela no se ha consumido, puedes apagarla y volver a utilizarla cuando vuelvas a estudiar. El día antes del examen, enciende una vela azul para estudiar. Cuando hayas terminado de estudiar quema en la llama de la vela el papel con el nombre de la asignatura de la que te examinas y quema en un cuenco de barro el trozo de cinta que corresponda a un nudo. Si tienes más de un examen, haz la misma operación con dos nombres de asignaturas correspondientes y quema dos nudos de la cinta amarilla.

Por ejemplo, si te examinas de matemáticas y sociales el mismo día tienes que quemar los papeles con los nombres de estas dos asignaturas, y además dos nudos de la cinta amarilla. Sucesivamente repite la operación para cada asignatura y cada examen, hasta que termines de examinarte.

Si has estudiado, verás cómo el día del examen recordarás todo y verás que tendrás una buena puntuación en tus notas. ¡Suerte!

6.
Para solucionar una crisis en tu negocio

Material necesario

7 velas blancas

1 cuenco de barro o de
cristal

1 cinta de color negro

1 puñado de sal

1 papel pergamino

1 pluma

Preparación

Realiza este ritual un miércoles por la noche, cuando todo esté en calma. Debes prepararlo en el local de tu negocio. En el papel pergamino escribe la fecha a partir de cuando crees que tu negocio empezó a tener problemas. Luego anota lo que crees que está causando esos problemas (por ejemplo la falta de clientes, la crisis económica, la competencia, etc.). Escribe que en los próximos siete días todo lo que pueda afectar a tu negocio o hacer que no funciones será absorbido por el papel y por el agua. Después escribe la fecha que corresponde a siete días más tarde, es decir, el próximo miércoles. Escribe la fecha entera con día de la semana, número, mes y año completo.

Enrolla el papel y átalo con la cinta negra. Colócalo en un cuenco con agua y un puñado de sal. Enciende una vela blanca ese mismo día, y cada noche durante una semana. Al miércoles siguiente, sin encender ninguna vela, da las gracias y tira el agua y el papel por el retrete. Tira de la cadena hasta que desaparezca el papel.

7.
Para enriquecer tu relación de pareja

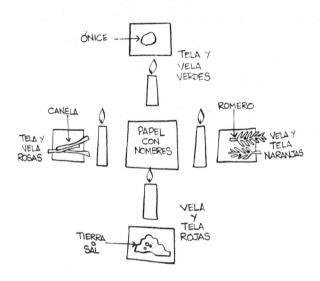

Material necesario

4 trozos de tela de colores verde, rosa, roja y naranja

4 velas de los mismos colores

1 cuenco de barro

Tierra o sal

Canela

Ónice (de tonalidades rosadas)

Romero

Papel

1 pluma

Preparación

Forma un cuadrado con los trozos de tela y las velas, de manera que cada tela esté junto a la vela del mismo color. Arriba, colocas la tela verde, abajo la roja, a la

121

izquierda la de color rosa y a la derecha la de color naranja. Sobre el trozo de tela roja pones un puñadito de tierra o sal; sobre la rosa un puñadito de canela, en la verde el ónice y sobre la naranja el romero. En el papel escribes tu nombre completo y el de tu pareja y lo colocas en el centro del cuadrado.

Antes de que se terminen de consumir las velas y cuando aún estén todas encendidas, quema el papel dentro del cuenco de barro. Cuando se haya quemado pon un poco de la ceniza en cada pedazo de tela. Cuando las velas se hayan consumido ata cada trozo de tela con un hilo del mismo color, con cuidado de que no se caiga el contenido de su interior, Guarda los cuatro saquitos escondidos en tu casa en lugares donde no les toque la luz del sol, como cajones, mesitas de noche, detrás de los muebles, etc.

8.
Para saber si te han hecho un hechizo

Hay momentos en que sentimos que todo nos sale mal y que lo hacemos todo torcido. En ese período es conveniente saber si se trata de una mala racha, o es debido a que alguien nos ha hecho un hechizo, echado el mal de ojo o está creando vibraciones negativas contra nosotros. Para asegurarnos de la naturaleza de nuestra mala suerte existe una serie de métodos para averiguar si alguien está actuando en contra de nosotros. A continuación explico las formas más sencillas para detectar hechizos sobre nosotros.

CON EL INCIENSO
Material necesario

Cuenco de cobre bastante grande	Incienso puro

Preparación

Sirve para diagnosticar si en una persona o en un lugar las vibraciones o el ambiente son negativos.

Coloca en un recipiente de cobre bastante grande un poco de incienso puro y préndele fuego con una cerilla de madera. Si el humo es de color oscuro es debido a que hay negatividad; si es claro, todo está bien.

CON LA SAL

Material necesario

Plato o cuenco de cobre o de cerámica

Sal gruesa

Alcohol de quemar

Preparación

En el plato o cuenco de cobre o de cerámica coloca veintisiete granos de sal gruesa. Echa por encima siete cucharadas de alcohol y enciéndelo con una cerilla de madera. Si la sal chispea, es debido a que hay negatividad; si el chispeo es muy fuerte, es porque hay mucha negatividad.

CON HOJAS DE OLIVO

Material necesario

Plato de cerámica

Agua

Aceite de oliva

Hojas de olivo

Preparación

En un plato lleno de agua vierte tres gotas de aceite de oliva. Luego coloca una hoja de olivo bendecida; si el aceite tiende a alejarse de la hoja es porque existe mal de ojo.

CON EL LIMÓN

Material necesario

Limones

Preparación

Deja uno, tres limones o los que desees, siempre que sea un número impar, repartidos por tu casa. Si después de varios días el limón se seca, todo está bien, pero si se pone de color verde o con manchas negras o marrones es debido a que hay negatividad.

9.
Contra enemigos físicos o mágicos

Material necesario

3 partes de semilla de
  eneldo
2 partes de semilla de
  alcaravea
1 parte de semilla de lino

1 puñado de sal
1 bolsita de tela roja o
  blanca
Cordón negro
1 vela roja

Preparación

Debes prepararlo en martes. Primero enciende la vela y coloca todos los ingredientes delante de ti. Mientras la vela se va consumiendo vas introduciendo los ingredientes dentro de la bolsa. Con cada uno de ellos debes pronunciar un conjuro, una canción o tu oración favorita. Una vez lleno el saquito, déjalo abierto hasta que la vela se termine de consumir. Cuando se haya apagado ata la bolsita con el cordón negro. Lleva este saquito protector siempre contigo.

10.
Contra las influencias maléficas

Material necesario

Canela

Ruda

Sal

Muérdago

Cordón negro con siete nudos

1 bolsita de tela roja

1 vela blanca

Preparación

Este amuleto debe preparase en martes. Primero enciende la vela, luego coloca todos los ingredientes delante de ti. Introdúcelos en la bolsita mientras dices una oración o un conjuro por cada uno de ellos. Deja el saquito abierto hasta que se consuma la vela y luego átalo con el cordón con los siete nudos. Lleva siempre encima esta bolsita.

II.
Protección para el hogar (I)

Material necesario

2 partes de mejorana

1 parte de raíz de angélica

1 parte de semilla de eneldo

1 parte de clavo de olor

1 bolsita de tela blanca

Preparación

Coloca los ingredientes uno por uno en la bolsita mientras se recita una oración o un conjuro por cada uno de ellos. Luego cierra la bolsita y colócala junto a una ventana para que aleje las malas influencias de nuestro hogar.

12.
Protección para el hogar (2)

Material necesario

3 partes de romero

3 partes de albahaca

2 partes de semilla de
hinojo

2 partes de semilla de
eneldo

1 parte de laurel

1 parte de helecho

Un poquito de sal

1 vela roja

1 bolsita de tela blanca

Hilo o cordón de color negro

Preparación

Primero enciende la vela y luego procede igual que en el caso anterior. Coloca los ingredientes uno por uno y por cada uno de ellos recita una oración o di un conjuro en voz alta. Deja la bolsa abierta hasta que se termine de consumir la vela y luego, cuando se haya apagado, ata la bolsa con el cordón negro. Coloca el saquito en el lugar más alto de la casa.

13.
Contra la brujería negativa

Material necesario

1 parte de trébol

1 parte de verbena

1 parte de hierba de san Juan

1 parte de eneldo

1 vela roja

1 bolsita de tela blanca

Preparación

Enciende la vela roja; mientras se está consumiendo pon los ingredientes en la bolsita; antes de meter cada uno de ellos se debe decir una oración o un conjuro. Una vez llena la bolsita se deja abierta delante de la vela hasta que esta termine de consumirse. Cuando esté apagada ata la bolsa con hilo negro y llévala siempre encima para protegerte de la brujería negativa.

14.
Contra los problemas económicos

Material necesario

1 bolsita de tela verde	Canela
1 vela de color verde	Jengibre
1 objeto o moneda de plata	Azafrán

Preparación

Este ritual consiste en hacer un amuleto para atraer la abundancia. Debes realizarlo durante la época de luna nueva; consulta tu calendario para saber cuándo es.

Enciende la vela de color verde. Luego coloca los ingredientes en la bolsa, de uno en uno. Primero la canela, el jengibre, luego el azafrán y por último la moneda o el objeto de plata. Mientras lo haces, visualiza y piensa en la abundancia que deseas. Deja que se acabe de consumir la vela. Después coloca el saquito en un lugar donde lo toque la luz del sol; déjalo durante doce días, desde la luna nueva hasta la luna llena. Luego llévalo siempre contigo.

15.
Para tomar una decisión correcta

CUENCO CON CANICAS

RESULTADO:

ADECUADO   CORRECTO   INCONVENIENTE   INCORRECTO

Material necesario

Cuenco de barro   Canicas blancas

Canicas negras

Preparación

Coloca dentro del cuenco las diez canicas negras y las diez blancas, mézclalas. Luego cierra los ojos y piensa en la decisión que quieres tomar. Coge tres canicas con los ojos cerrados. Según el color de las canicas que has cogido sabrás si tu elección es correcta o no:

- Si las tres canicas son blancas, has tomado la decisión adecuada.

- Si dos canicas son blancas y una negra, tu decisión es correcta, aunque no es ideal.
- Si una canica es blanca y dos negras, tu decisión no es la más conveniente; piensa en otras alternativas.
- Si todas las canicas son negras, has hecho una elección incorrecta, debes cambiar tu manera de proceder.

16.
Para atraer nuevos amigos

Material necesario

1 tela de color rosa

12 trozos de piel de limón seca

2 piezas de puzle que encajen

1 campanilla

Preparación

Coloca los ingredientes en la tela rosa; mientras lo haces, repite doce veces:

«No conoceré la soledad,
viviré rodeada de amistad».

Después de cada frase haz sonar la campanilla. Cuando hayas terminado, guarda la campanilla en la tela y átalo formando un saquito. Llévalo contigo en las situaciones en que desees hacer nuevos amigos.

17.
Para conseguir un nuevo empleo

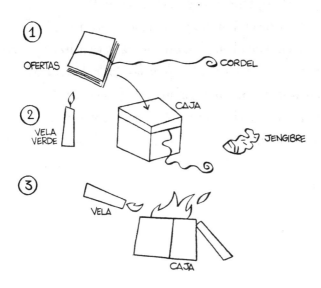

Material necesario

Las ofertas de empleo que tengas (recortes de periódicos, avisos, etc.)
1 cordel largo

1 caja metálica pequeña
1 vela verde
Jengibre

Preparación

Recorta las ofertas de trabajo y colócalas todas juntas (copia y guarda la información aparte), átalas con el cordel, de forma que queden en un extremo los papeles y el resto quede libre.

Enciende la vela verde y colócala a tu izquierda. Pon las ofertas de trabajo dentro de la caja metálica y ciérrala de manera que el cordel quede fuera. Colócala delante de ti a cierta distancia, pero que el cordel esté a tu alcance para tirar de él. Pon un poco de jengibre a tu derecha.

Piensa en el empleo que deseas y visualízate a ti consiguiéndolo. Mientras lo piensas, tira del cordel hasta acercar la caja de manera que esté al alcance de tu mano. Ábrela y quema las ofertas de trabajo con la vela verde, de esta manera liberarás la energía. Guarda la caja metálica como amuleto y llévala a tus entrevistas de trabajo.

18.
Contra el miedo y el temor

Material necesario

1 taza roja   Romero

Tomillo

Preparación

Prepara una infusión con el tomillo y el romero a partes iguales. Si el sabor no te gusta, puedes utilizar el té común y añadirle una pizca de estas dos hierbas. Pon la infusión en una taza roja y colócala unos minutos al sol antes de tomarla. Bébela y verás cómo su calor y su aroma te fortalecen por dentro.

19.
Para proteger los viajes

En este caso, yo considero adecuado hacer un amuleto para poder llevarlo contigo en tus viajes. También lo puedes hacer y dárselo a una persona querida que vaya a viajar. Por sus características creo que los amuletos son lo más adecuado para proteger los viajes, ya que te los puedes llevar contigo y su fuerza protectora te acompaña durante todo el trayecto.

Existen diversos amuletos para viajes; a continuación explico algunos muy sencillos de preparar:

- Coloca en tu maleta una bolsita de tela blanca con hojas de menta en su interior. También puedes utilizar las hojas de menta fresca sueltas entre tu equipaje; de este modo su olor impregnará tu ropa y objetos personales, refrescándote y reconfortándote.
- Compra un cascabel y llévalo contigo en tu viaje. Por ejemplo en el coche, o en tu maleta, en el bolso, atado a tus zapatos si se trata de una excursión, etc. Cada vez que oigas su sonido, sabrás que te está protegiendo en tu periplo.
- Hay algunas piedras protectoras que son muy útiles como amuletos de viaje. Entre ellas el feldespato, la turquesa o el topacio. También el metal es un buen protector; por eso se pueden utilizar monedas como amuletos. Coloca alguna de estas piedras o una moneda en tu equipaje para que te proteja.

20.
Para superar una duda

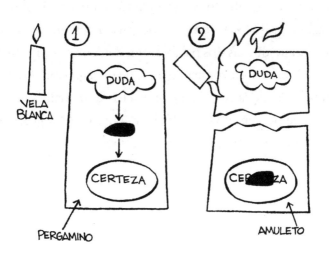

Material necesario

Papel de pergamino   Vela blanca

1 pluma roja   Piedra turmalina

1 pluma negra

Preparación

Enciende la vela y colócala frente a ti. En un extremo del trozo de pergamino escribe con la pluma negra la palabra DUDA. Rodéala con el dibujo de una nube que representa la confusión. En el otro extremo escribe con la pluma roja la palabra CERTEZA y rodéala con un círculo de claridad.

Coloca la turmalina sobre la palabra DUDA. Visualiza tu problema o duda y mueve la piedra hacia el otro extremo del pergamino mientras te ves a ti misma solucionando el conflicto. Cuando la turmalina esté sobre la palabra CERTEZA, rompe el pergamino en dos pedazos, de manera que las dos palabras queden enteras y legibles.

Quema el trozo de pergamino con la palabra DUDA en la llama de la vela. Luego envuelve la turmalina con el trozo de pergamino con la palabra CERTEZA y guárdalo como un amuleto que llevarás contigo.

21.
Contra los problemas afectivos

Material necesario

Flores de azahar   1 pluma

1 vela verde   Hilo de cobre

1 trozo de pergamino

Preparación

Forma un círculo de flores de azahar encima de la mesa. En el centro coloca un papel de pergamino con tu nombre, y si tus problemas afectivos son con una persona en concreto, pon también el nombre de esa persona. Enciende una vela de color verde y cuando se esté consumiendo tira un poco de cera derretida sobre el pergamino. Hazlo con cuidado, y dibuja un círculo de cera alrededor de los nombres del pergamino. Luego enrolla el pergamino y átalo con un trozo de hilo de cobre. Guárdalo en un lugar oscuro (un cajón, armario, una caja, etc.). Una vez se haya consumido la vela, pon las flores en un jarrón, en algún lugar donde te recuerden su función protectora.

22.
Contra las visitas no deseadas

En este caso yo recomiendo realizar un hechizo de protección de la casa. Si tu casa está protegida contra los intrusos y los no deseados, seguro que no recibirás visitas que no desees.

Material necesario

Tela de color blanco

1 diente de ajo

Hojas de menta

Clavo de olor

1 piedra topacio o malaquita

Cordón negro

Preparación

Prepara un saquito protector. Primero coloca sobre la mesa un trozo de tela blanca. Encima coloca un diente de ajo, un poco de clavo de olor y hojas de menta. Pon además una piedra topacio, o si no tienes también puedes utilizar la malaquita. Ata la tela blanca con un cordón negro de manera que quede formado un saquito, cuélgalo detrás de la puerta principal y verás cómo no recibes ninguna visita que no desees.

23.
Contra la angustia y el desasosiego

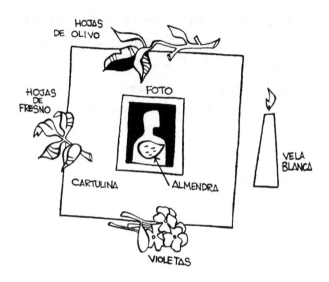

Este ritual es muy adecuado para esos momentos en los que nos sentimos angustiados o preocupados, pero sin saber por qué. Muchas veces sentimos desasosiego sin saber a qué es debido; es una sensación general, sin una causa concreta. Para eliminar ese malestar y protegernos, podemos utilizar el ritual siguiente:

Material necesario

1 cartulina	1 almendra
1 pluma	Hojas de olivo
1 foto tuya	Hojas de fresno

1 ramo de violetas   1 saquito de color verde

1 vela blanca   Cordón negro

Preparación

Pega encima de una cartulina una foto tuya. Dibuja a su alrededor un círculo y luego un cuadrado, de manera que cada lado del cuadrado toque una porción del círculo. Coloca encima de tu foto una almendra.

En la parte superior de la cartulina pon unas hojas de olivo. A la izquierda pon unas hojas de fresno y en la parte inferior coloca un pequeño ramo de violetas, En la derecha pon una vela blanca y enciéndela. Mientras se consume la vela haz un rato de relajación, buscando la serenidad interior. Cuando te sientas mejor y más tranquila, prepara un saquito protector con todos los elementos del ritual. Primero recorta la foto y guárdala en el saquito; la puedes doblar si no te cabe. Luego pones la almendra, una flor de violeta y las hojas de olivo y fresno, Deja que se termine de consumir la vela y ata el saquito y llévalo siempre contigo. Puedes poner el ramo de violetas en tu habitación, o en algún lugar donde te transmita serenidad.

24.
Contra los jefes injustos

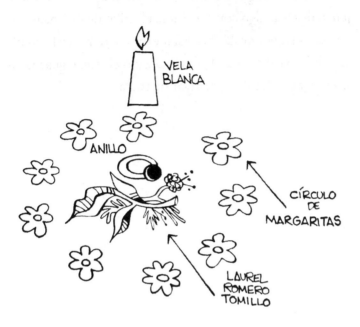

VELA
BLANCA

ANILLO

CÍRCULO
DE
MARGARITAS

LAUREL
ROMERO
TOMILLO

Material necesario

1 vela naranja

1 anillo o pulsera

1 ramo de margaritas

Hojas de laurel

Romero

Tomillo

Preparación

Enciende una vela de color naranja. Delante coloca un anillo o pulsera que suelas utilizar. Coloca las margaritas formando un círculo alrededor del anillo. Pon dentro del círculo unas hojas de laurel, romero y tomillo. Haz un rato de meditación, visualízate con tu jefe y visualiza que sus críticas no te afectan demasiado.

Lleva contigo el anillo, y cuando tengas que ver a tu jefe o discutir algo con él cambia el anillo de mano; así recordarás su poder. Utiliza las hierbas para hacer la comida o la cena el día que hayas realizado el ritual, guarda las margaritas y llévalas a tu lugar de trabajo.

25.
Contra la pérdida de un amor

Material necesario

Tela de color verde

1 vela roja

1 amatista

Pétalos de margarita

Hojas de albahaca

1 ramita de canela

1 cordón negro largo

Preparación

Prepara un saquito protector. Primero enciende una vela roja, y mientras esta se consume pon en un trozo de tela verde una amatista, pétalos de margarita, una ramita de canela y unas hojas de albahaca. Luego átalo con un cordón negro bastante largo, para que puedas colgártelo del cuello. Llévalo colgado debajo de la ropa de manera que esté en contacto con tu piel.

26.
Contra el dolor de cabeza y la jaqueca

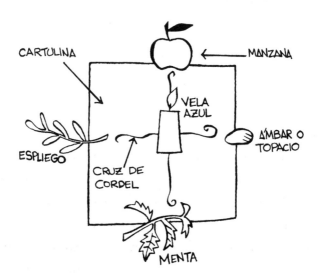

Material necesario

Cinta de color rojo

1 cartulina

Pegamento

1 vela azul

1 manzana

Hojas de menta fresca

Espliego

1 topacio o ámbar

Preparación

Corta la cinta roja en dos mitades y pégalas en la cartulina formando una cruz. Coloca en el centro de la cruz una vela azul. En la punta superior pon una manzana, y en la inferior hojas de menta fresca. En el lado derecho pon un ámbar (si no lo consigues puedes utilizar un topacio) y en el izquierdo pon un poco de espliego.

Observa mientras se consume la vela, haciendo meditación y relajación. Espera relajada hasta que se acabe de consumir. Guarda el espliego en un cajón o armario, entre tu ropa, para que esta se perfume. Luego utiliza la menta para hacer una infusión y tómatela. Cómete también la manzana; si no te apetece en ese momento, hazlo a lo largo del día, pero antes de que pasen veinticuatro horas desde que hiciste el ritual. Lleva contigo la piedra topacio o el ámbar para que proteja tu salud.

27.
Contra terceros en discordia

Material necesario

Papel

1 pluma

Cordel

1 vela verde

1 cuenco de barro

1 palo de mortero

Mejorana

Hierba fresca

Hojas de eucalipto

Preparación

Escribe el nombre completo de la persona que está interviniendo contra ti, creando discordia en tus relaciones afectivas. Enrolla el papel y átalo con un cordel. Enciende una vela color verde. Coloca en un cuenco de barro un poco de mejorana, unas hojas de eucalipto y un poco de hierba fresca. Pícalo todo con el mortero. Luego quema en la llama de la vela el papel enrollado y añade las cenizas a la mezcla del cuenco de barro. Esparce las cenizas por la ventana y deja que el viento libere su energía. Verás cómo enseguida te sentirás mucho más liberada y tranquila.

28.
Contra problemas en el trabajo

Material necesario

1 vela azul

1 objeto de tu trabajo

Un poco de harina

1 cuarzo blanco

Hojas de espliego

Preparación

Enciende una vela azul. Coge un objeto que utilices habitualmente en tu trabajo (un bolígrafo, un disquete que simbolice el ordenador, alguna prenda de ropa si llevas uniforme, etc.). Colócalo encima de la mesa delante de ti. A su alrededor haz un círculo con harina de trigo. Coloca encima del objeto un cuarzo blanco. Tira por encima del objeto unas hojas de espliego. Visualízate superando tus problemas laborales. Medita durante unos minutos y luego deja que se consuma la vela, y tira la harina y el espliego por la ventana. Lleva a tu lugar de trabajo el objeto y el cuarzo y guárdalos juntos. Si es una prenda de ropa, póntela y lleva el cuarzo contigo.

29.
Contra la desconfianza en ti misma

La desconfianza en uno mismo es un problema muy común. Últimamente se ha visto incrementado, porque vivimos en una sociedad muy exigente y competitiva. Continuamente nos están bombardeando con mensajes que hablan de la dificultad para encontrar un lugar en esta sociedad y la importancia de triunfar. Todo esto nos crea una serie de dudas e inseguridades que nos hacen dudar de nuestra capacidad. Pero esto no es positivo, debes creer en ti misma (o en ti mismo) antes que en cualquier otra cosa, por eso he incluido este hechizo para aumentar nuestra autoconfianza y nuestra autoestima.

Material necesario

1 objeto personal de plata   1 cuenco de cristal

Velas verdes (cinco o seis)   Sal

Agua   Hojas de albahaca

Preparación

Coge un objeto de plata y déjalo en un lugar donde lo toque la luz del sol durante cuatro días. Luego colócalo encima de la mesa y haz un círculo de velas verdes a su alrededor (cinco o seis velas). Prepara un cuenco con agua y añádele un poco de sal y unas hojas de albahaca. Sumerge en el agua el objeto de plata y observa cómo aumenta su energía con la fuerza del agua y de la sal y cómo la albahaca lo purifica. Luego haz un rato de meditación, seca cuidadosamente el objeto y llévalo contigo como talismán. En los momentos en que te sientas desconfiada y dudes de ti misma acaricia el objeto y verás cómo su fuerza y poder te dan coraje y mejoran tu propia imagen.

Tira el agua por el retrete y deja que las velas se consuman.

30.
Contra los engaños y trampas

Material necesario

1 vela azul	Trébol
Tela de color azul	Hinojo
Eucalipto	Cordón de color azul

Preparación

Enciende una vela azul. Mientras se consume prepara un saquito protector. Coloca un trozo de tela azul encima de la mesa. Encima de la tela pon unas hojas de eucalipto, un poco de hinojo y un poco de trébol. Sobre las hierbas pon una moneda. Cierra la tela y átala con un cordón del mismo color. Llévalo contigo como amuleto.

31.
Contra el malestar y la enfermedad

Material necesario

1 vela blanca

Hojas de espliego

Menta fresca

Preparación

Enciende una vela blanca. Coloca delante de la vela unas hojas de espliego y menta fresca. Haz un rato de meditación. Luego utiliza la menta para prepararte una infusión y añade las hojas de espliego al agua de tu baño. Verás cómo esta combinación te renueva por fuera y por dentro, protegiéndote contra la enfermedad.

32.
Contra los problemas familiares

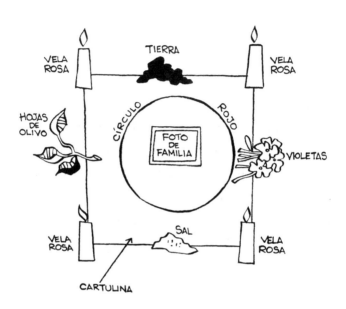

Material necesario

1 cartulina	1 ramo de violetas
1 foto familiar	Un poco de sal
4 velas rosas	1 trozo de tela blanco
Un poco de tierra	1 cordel negro
Unas hojas de olivo	

Preparación

Pega en una cartulina una foto de tu familia. Dibuja alrededor de la foto un círculo de color rojo. Enciende cuatro velas de color rosa y coloca cada una de ellas en una esquina de la cartulina. Luego pon un poco de tierra en la parte de arriba, unas hojas de olivo en el lado izquierdo, un pequeño ramo de violetas en la derecha y un poco de sal en la parte inferior.

Luego haz un poco de meditación y visualiza a tu familia llevándose bien y sin problemas. Deja que las velas se terminen de consumir y guarda en un pedazo de tela blanca la foto recortada, las hojas de olivo, un poquito de tierra y de sal y una o dos flores. Ata la tela con un cordón negro y guárdalo como amuleto.

33.
Contra el miedo a envejecer

Material necesario

1 foto tuya actual

1 vela roja

Un poco de ruda

Un poco de hinojo

Preparación

Coge una foto tuya actual. Colócala delante de ti sobre la mesa. Enciende una vela roja y ponla al lado de la foto. Mira fijamente tu foto y piensa en todas las cosas positivas que ves. Medita sobre el futuro y cómo potenciar tus cualidades. Luego coloca sobre la foto un poco de hinojo y de ruda.

Di en voz alta:

«Mi miedo quiero vencer

y ya no temo envejecer».

Deja que se consuma la vela y pon la foto en un lugar donde puedas mirarla y recordar las cosas buenas de hacerse mayor y disfrutar de la vida.

34.
Para tener más sentido del humor

Material necesario

1 objeto cómico

1 vela blanca

1 pluma (puedes utilizar una de un plumero si no consigues ninguna)

Anís

Preparación

Utiliza un objeto que represente el buen humor (un comodín de una baraja de naipes, una foto de un payaso, algo que te parezca divertido o te haga reír). Colócalo encima de la mesa y enciende una vela blanca. Acaricia el objeto con una pluma y luego ponla al lado del objeto sobre la mesa. Rodea el objeto con granos de anís, Piensa en cosas divertidas y que te hagan reír. Concéntrate en estos temas hasta que te sientas contenta y divertida. En ese momento deja el hechizo y ponte a hacer algo que te apetezca y te divierta mucho.

35.
Para tener sabiduría

Material necesario

1 figura de un búho

1 vela azul

Hojas de albahaca

Preparación

Coge una figurita de un búho. Haz un círculo alrededor con hojas de albahaca. Luego enciende una vela de color azul. Mientras se consume la vela haz un poco de meditación y relajación. Luego utiliza la albahaca para cocinar y coloca el búho en un lugar visible, donde te recuerde su sabiduría (en tu lugar de trabajo, en tu habitación, etc.).

36.
Contra el insomnio

Material necesario

1 vela blanca

Tu almohada

Aroma de lavanda

Valeriana

Preparación

Enciende una vela blanca. Luego coge tu almohada y perfúmala con aroma de lavanda. Haz este ritual antes de ir a dormir y, si tu problema de insomnio es muy grave, prepara una infusión de valeriana y tómatela frente a tu almohada y la vela. Luego haz un rato de relajación; cuando te sientas tranquila y relajada acuéstate y verás cómo rápidamente te vence el sueño.

37.
Para mejorar tu imagen pública

Material necesario

1 pañuelo	1 cuarzo blanco
Hojas de eucalipto	Margaritas

Preparación

Coge una prenda de ropa que suelas usar (por ejemplo, un pañuelo o una bufanda, etc.). Colócala desplegada encima de la mesa. Pon encima unas hojas de eucalipto, un cuarzo de color blanco y dos o tres margaritas. Luego dobla el pañuelo y guárdalo en un cajón durante tres días. Luego úsalo y verás cómo su aroma te reconforta y mejora tu imagen.

38.
Para atraer la fortuna y buena suerte

Material necesario

7 velas (verde, blanca, roja, naranja, azul, rosa y amarilla)

1 trozo de tela verde

Trébol

1 zafiro

1 amuleto

Preparación

Pon en la mesa siete velas de siete colores distintos: una verde, una blanca, una roja, una naranja, azul, rosa y amarilla. Colócalas formando un círculo.

Prepara un amuleto con un trozo de tela verde. Coloca en su interior un poco de trébol, una piedra zafiro y algo que hayas utilizado anteriormente como amuleto o que te traiga buena suerte. Ata la tela con un cordón del mismo color. Deja el saquito en un lugar donde lo toque la luz del sol durante tres días. Luego llévalo siempre contigo.

39.
Para mejorar tu memoria

Material necesario

Velas amarillas

Incienso

Pasas de uva

Manzana

Vainilla

1 objeto de oro

Preparación

Ambienta el lugar donde vayas a hacer el ritual con un poco de incienso. Luego enciende dos velas amarillas. Coloca entre las velas un puñado de pasas de uva, una manzana y un poco de vainilla. Coge un objeto personal de oro y colócalo junto a la manzana, las pasas y la vainilla. Relájate e intenta dejar tu mente en blanco, sin ninguna preocupación.

Cuando se hayan consumido las velas, prepara un pastel con las pasas, la manzana y la vainilla; cómelo esa misma noche. Guarda el objeto de oro y póntelo o cámbialo de lugar (de una mano a otra si es un anillo o una pulsera) cuando quieras recordar algo importante.

40.
Para mantener una unión

....

Material necesario

1 foto tuya	Hilo de cobre
1 foto de la otra persona	Tela de color rojo
Ruda	Cordón negro
Mejorana	

Preparación

Este hechizo sirve para reforzar los lazos de la pareja o para mantener unida una buena amistad o una familia. Coge una foto tuya y una de la persona con la que quieres seguir unida. Tira encima de las dos fotos un poco de ruda y mejorana. Colócalas juntas y átalas con hilo de cobre. Coloca las fotos y las hierbas sobre una tela roja y átalo con cordón negro. Guarda este saquito en un lugar donde las dos personas lo podáis ver cómo un símbolo de vuestra unión.

Es recomendable hacer este ritual entre las dos personas juntas para que tenga más energía.

Magia liberadora

I.
Para administrarte mejor

Material necesario

2 velas amarillas

1 espejo pequeño

1 vela blanca

La nómina o el dinero del mes

Cerillas de madera

Preparación

Coloca la vela blanca arriba y las dos amarillas a los lados (una a la izquierda y la otra a la derecha); enciende las tres velas con las cerillas de madera. En el medio de las velas pon el espejo y frente a éste la nómina o el dinero. El reflejo creado en el espejo impedirá que el dinero se disperse o se derroche. Este rito debe hacerse el mismo día del cobro, por la noche. Al día siguiente y durante todo el mes, lleva el espejo junto a la nómina o el dinero, de

forma que el lado del cristal quede frente al dinero para que se refleje.

Puedes hacer este rito cada mes, el día del cobro. Si tus tentaciones de gastar son superiores al ahorro, te recomiendo que compres una hucha y guardes en ella lo que has sido capaz de ahorrar, de esta manera podrás ver los resultados de tu esfuerzo y te sentirás mucho más realizada.

2.
Para liberar la depresión

Se trata de un hechizo a base de velas. Es de larga duración y constancia, ya que requiere varios días para realizarlo; su efecto es terapéutico y sus resultados, extraordinarios. Puedes ir comprando las velas a medida que las necesites.

Material necesario

9 velas violetas	9 velas naranjas
9 velas añil (azul violáceo)	1 vela roja
1 vela azul claro	Aceite de oliva
1 vela verde	1 fotografía
1 vela amarilla	Cerillas de madera

Preparación

Antes de encender las velas, ponte unas gotas de aceite de oliva en las manos, frótatelas y luego frota la vela de arriba hacia abajo. Mientras lo haces, recita una oración, canta un mantra o pronuncia alguna palabra de poder, según aquello con lo que te sientas más identificada. Puedes preparar varias velas seguidas y luego guardarlas en un trapo blanco hasta su uso. Recuerda que las velas siempre deben encenderse con cerillas de madera.

Este ritual es para trabajar todos los chakras y fortalecer todo lo que tiene relación con la creatividad y la mente.

Necesitas una foto tuya de cuerpo entero, lo más actualizada posible. Coloca la foto por encima de la vela a una distancia de unos

cincuenta centímetros aproximadamente. El ritual debe comenzar un jueves por la noche, y se inicia encendiendo la vela roja. Mantén la fotografía siempre en la misma posición, luego enciende cada día una de las otras velas. Después de la roja, enciende las nueve velas naranjas durante nueve días. Después una de color amarillo, la verde, y la azul, y durante otros nueve días una de color añil cada día. Después las nueve velas violetas. De esta manera, encendiendo una vela cada día (no más de una) se completa un ciclo de 31 días, siguiendo el orden de velas y colores indicado. Una vez terminado el ciclo coge la foto y llévala contigo en el bolso, el monedero o en un bolsillo.

Puedes repetir este ritual siempre que quieras o lo necesites, pero debes dejar un intervalo de un mes de descanso antes de volver a iniciarlo.

3.
Para limpiar tu casa de las malas vibraciones (I)

De vez en cuando es necesario hacer una buena limpieza en la casa. Hay tres razones para que sea necesario: una, por las energías que nos pueden mandar desde el exterior; dos, cuando creemos que tenemos un ser de otro plano que es negativo; y por último la más activa, que es la energía generada por las personas que habitan la casa. Independientemente de las dos primeras razones, la tercera siempre existe y está muy activa ya que siempre hay momentos en nuestro hogar en que generamos energías negativas, aun sin desearlo. Momentos en los que sentimos rabia, odio, miedo, cansancio, impotencia, etc., o que nos peleamos y discutimos con otro miembro del hogar. Todas estas vibraciones generadas por la convivencia y el día a día se acumulan en nuestro hogar y pueden formar un entorno negativo, impregnando las paredes, techos, muebles, cortinas. Por eso es necesario de vez en cuando realizar un ritual muy sencillo para eliminar todas estas vibraciones.

Material necesario

1 sartén

Alcohol

Tomillo

Preparación

Cierra todas las ventanas y puertas de la casa. Coloca en la sartén el tomillo (se puede añadir un poco de romero si se desea), tírale un chorro de alcohol de quemar y enciéndelo. Pasa la sartén por todas las habitaciones de la casa, sin olvidarte de ninguna, y mientras pasas con la sartén, ve diciendo:

**«Jesús nació en Belén,
que salga el mal y entre el bien».**

Cuando finalicemos el ritual es conveniente dejar la casa cerrada durante un tiempo, y si es posible vacía, aprovechando para hacer recados o salir un rato. Cuando regreses abre todas las ventanas unos cinco o diez minutos. Notarás el cambio de energía.

4.
Para limpiar tu casa de las malas vibraciones (2)

....

Material necesario

1 cubo grande	1 cuarzo
1 cubo más pequeño	Agua
2 bayetas de algodón	Barritas de incienso
Sal marina gorda	

Preparación

Prepara el cubo grande lleno de agua con el cuarzo en el fondo (si no tienes un trozo grande de cuarzo se puede sustituir por varios pequeños), añade un puñado de sal gorda y deja reposar el agua un día entero de forma que esté un rato al sol y otro a la sombra. Debes empezar a las primeras horas del amanecer y dejar el agua durante veinticuatro horas; puede ser un poco más de tiempo, pero nunca menos.

A la mañana siguiente saca el cuarzo del cubo grande y colócalo en un cubo más pequeño, luego vierte el agua de un cubo a otro. Con un paño bien escurrido y sin detergente realiza la limpieza de toda la casa, muebles, figuras, puertas, ventanas, suelos, etc. Luego con un paño de algodón seca todas las superficies que aún estén mojadas. También debes fregar el suelo con esta agua, y cada vez que el agua esté sucia y no puedas ver el cuarzo del fondo debes cambiarla por agua limpia del cubo grande. Si tu casa es muy grande puedes dejar preparados dos o más cubos al sol y la sombra.

Después de limpiar la casa enciende las barritas de incienso aromático repartidas por toda tu casa. Si es necesario puedes hacer esta limpieza una vez al mes, según lo creas conveniente.

Esta limpieza también sirve para locales, tiendas, oficinas, etc.

5.
Para solucionar la crisis matrimonial

ORDEN DE ENCENDIDO : ①

VELA ROSA

FOTO

③ VELA ROSA

④ VELA ROSA

TURMALINA ROJA

② VELA ROJA

Este ritual se debe realizar en viernes.

Material necesario

3 velas rosas   1 foto de la pareja

1 vela roja   1 piedra turmalina roja

Preparación

Coloca las velas rosas de manera que formen un triángulo con el vértice hacia arriba. En el centro pon la fotografía (lo más reciente posible y que sea de un momento
en que los dos estabais contentos con vuestra relación).
Coloca la turmalina encima de la foto, entre ambos, a la

altura del corazón. Pon la vela roja debajo de la foto de forma que las velas formen un cuadrado. Enciende primero la vela superior, luego la inferior (roja) y después la de la izquierda y la de la derecha. De esta manera formas una cruz y la foto queda en el centro. Mientras se consumen las velas visualiza, con toda la claridad y deseo que puedas, que vuestra relación mejora y que volvéis a ser felices, concentrándote en la fotografía y en la turmalina. Cuando se hayan consumido las velas coloca la foto en vuestro dormitorio y la turmalina debajo de la almohada.

Puedes repetir el ritual después de un mes; si quieres, puedes volver a utilizar la turmalina, pero antes debes lavarla debajo del grifo.

6.
Para liberar la rabia y las energías negativas

Los sentimientos de rabia, impotencia, furia o enfado son energías negativas que se acumulan en nuestro interior. Es muy normal sentir este tipo de emociones y no conviene reprimirlas ni evitarlas ya que si no se hace de manera eficaz se acumulan sin tener salida. Esto genera que más tarde respondamos ante situaciones banales de forma exagerada, haciéndonos sentir mal después. Por eso es conveniente que ante una situación que nos haga sentir rabia y frustración no reprimamos nuestros sentimientos, pero que más tarde realicemos un ritual para poder controlarlos y canalizarlos de forma positiva.

Material necesario

1 objeto que represente tu rabia*

1 vela blanca
1 tela blanca

Preparación

Coloca el objeto elegido o el trozo de papel frente a la vela blanca. Enciende la vela con una cerilla de madera. Mientras la vela se consume canaliza toda tu rabia y malas vibraciones hacia el objeto elegido. Si es necesario puedes expresar tus sentimientos en voz alta y liberarte de

---

* Si se trata de un motivo o situación concreta, algo relacionado con eso; si es un sentimiento más general, puedes escribir tus emociones en un trozo de papel y utilizarlo como objeto de tu rabia.

la acumulación de sentimientos negativos. Una vez hayas canalizado toda tu energía y te sientas liberada, cubre el objeto con la tela blanca. De esta manera tu corazón y tu ánimo quedan restablecidos del dolor producido por esos sentimientos.

7.
Para encontrar el amor

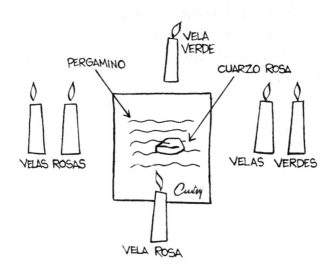

Material necesario

3 velas verdes   1 pergamino

3 velas rosas   1 pluma

1 cuarzo de color rosa

Preparación

Escribe en el pergamino cómo sería tu pareja ideal, poniendo el máximo de detalles; escribe lo que esperas y deseas. Luego fírmalo con tu nombre y apellidos y coloca el cuarzo encima del pergamino. Coloca las velas formando una cruz alrededor del papel. Pon una vela verde arriba y dos a la derecha, y una vela rosa debajo y dos a la izquierda.

Enciende las velas con cerillas de madera. Cuando se hayan consumido las velas quema el pergamino con otra cerilla de madera dentro de un cuenco de barro. En un espacio abierto sopla las cenizas para que salgan volando al aire libre. De esta manera envías la energía del amor al universo, con la certeza de que te traerá lo que has pedido.

Asegúrate de que lo que has pedido es lo que realmente deseas, ya que luego puedes llevarte muchas sorpresas. Lleva contigo siempre el cuarzo, lo más cerca posible de tu cuerpo. Duerme con el cuarzo junto a ti para que genere y fluya la energía del amor.

8.
Para cautivar y enamorar

Material necesario

Manzanilla

Romero

Salvia

Alcohol de 96º

1 frasco de cristal

Preparación

Mezcla todas las hierbas y tritúralas en un mortero. Mientras lo haces reza tu oración favorita. Luego ponlas en un frasco con alcohol de 96º y déjalo macerar durante cuarenta días en un lugar donde le toquen la luz del sol y la claridad de la luna. De esta forma se cargará con la energía de los dos astros. Luego cuela la mezcla y guarda el líquido en un lugar protegido de la luz. Cuando desees cautivar y enamorar perfúmate con el alcohol como si se tratara de un perfume. Ponte un poco detrás de las orejas, en las muñecas, en las sienes y en el punto de rubor entre los dos senos. Quedarás fascinada de su resultado.

9.
Para la concepción

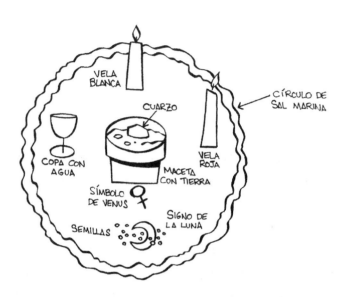

Si deseas concebir un hijo, puedes ayudarte con este ritual que suele dar muy buenos resultados.

Prepáralo en luna creciente y pon tus cinco sentidos más el sexto, con la intención más pura y limpia, ya que se trata de un ritual de vida.

Material necesario

Sal marina

1 maceta con tierra

Agua de manantial o
    bendecida

1 pluma

Papel pergamino

1 vela blanca

1 vela roja

Semillas (de cualquier tipo)

Cuarzo transparente

Preparación

Dibujaremos sobre una gran superficie un círculo hecho con sal marina. Esto nos sirve de protección y representa el seno materno, la fuente de la vida. En el centro colocaremos la maceta con tierra abonada y a su lado las semillas que hemos elegido. Debes comprobar que las semillas puedan germinar en la fecha que has elegido para realizar el ritual. Encima de la maceta, pero dentro del círculo, coloca la vela blanca y enciéndela. Pon a la izquierda de la maceta una copa de cristal con el agua, y coloca el cuarzo encima de la maceta.

Recorta un trozo de pergamino con forma redonda, estando tú dentro del círculo de sal, Luego dibuja en ese trozo de pergamino el símbolo de la luna y ponlo debajo de las semillas. Recorta otro trozo de pergamino redondo, dibuja en él el símbolo de Venus y colócalo debajo de la maceta.

Pide energía a la luna y a Venus para que te ayuden a concebir el hijo deseado y esperado. Luego haz un poco de relajación y meditación concentrando tus energías en tu deseo. Después acuéstate a dormir, dejando la vela encendida para que se consuma hasta el final.

A la mañana siguiente, vuelve a la habitación del ritual antes de que salga el sol y enciende la vela roja dentro del círculo de sal. Cuando lleve unos minutos ardiendo, quema con ella los dos trozos de pergamino en un cuenco de barro. Luego mezcla las cenizas con las semillas, haz un agujero profundo en la tierra de la maceta y pon allí las semillas y las cenizas. Luego tápalo con cuidado y riega la tierra con el agua de la copa; pon el cuarzo encima de la tierra. Deja que se consuma totalmente la vela roja, busca un lugar adecuado para tu maceta, para que sus semillas puedan crecer protegidas, y cuídalas con todo tu amor. Durante el día deja el cuarzo sobre la tierra de la maceta colocado en un lado, por la noche duerme con el cuarzo bajo tu vientre y medita sobre tu deseo. Espero que éste se realice.

10.
Para atraer el perdón

Material necesario

1 coco

1 objeto que represente el
  conflicto o problema

Hojas de menta seca

1 trozo de tela blanca

1 cinta o cordón negro

Pegamento

Preparación

Corta el coco en dos mitades y vacíalo. Haz un pequeño agujero u orificio en cada mitad. Déjalo secar durante varios días. Luego coge el objeto que represente el problema que ha surgido entre tú y la persona de la que deseas obtener el perdón; envuélvelo con la tela blanca. Prepara un fondo de hojas de menta en una de las mitades del coco y coloca encima el objeto con la tela. Mientras haces esta operación piensa en la persona del conflicto y canaliza tus buenas intenciones hacia ella. Luego pega las dos mitades del coco y átalas con el cordel.

Coloca o cuelga el coco en un lugar de tu casa donde te recuerde su finalidad positiva.

Este ritual lo puedes preparar tú sola o hacerlo con la persona con la que has entrado en conflicto. Esto es muy conveniente ya que se unen dos energías y dos deseos de solucionar el problema. En el caso de que las dos hagáis el ritual, cada una debe aportar un objeto y debéis poner los dos envueltos en un mismo trozo de tela dentro del coco.

Después colocad el coco en el lugar donde normalmente os reunís, así lo tendréis siempre presente.

II.
Para liberarse de fobias y adicciones

Material necesario

1 trozo de tela negra

1 trozo de tela blanca algo
   más grande que la negra

Hojas de pino

Clavo de olor

Piel de limón

Hilo de color blanco

Preparación

Coloca frente a ti la tela negra y la blanca. Piensa en tus problemas y adicciones y canalízalos hacia la tela negra. Luego coloca la piel de limón, el clavo y las hojas de pino sobre la tela negra. Envuélvelo todo con la tela blanca de manera que no quede ni un solo trozo de tela negra visible. Luego átalo con el hilo y llévalo siempre contigo. Verás cómo te da buenos resultados.

12.
Para tener más coraje y valor

Este ritual es útil para enfrentarnos a aquellas situaciones que nos producen un cierto temor o malestar. Te sugiero que lo realices cuando tengas que pasar por una de esas pruebas de la vida y te sorprenderás de su resultado.

Coge una figura de un animal que para ti represente el valor y el coraje, por ejemplo un tigre, un oso, un lobo, etc.

Coloca la figura en un lugar donde le toque el sol durante un rato y luego llévala contigo. Verás cómo en las situaciones difíciles tu amuleto te dará la fuerza que necesitas.

Además es conveniente que lleves alguna prenda de color rojo o de oro ya que estos son los símbolos del valor y la fuerza.

13.
Para aceptarte mejor tal como eres

Material necesario

3 velas blancas	Hojas de pino
1 cartulina blanca	Canela
1 pluma	Vainilla
Pegamento	1 bolsita de color verde

Preparación

Coloca las tres velas frente a ti formando un triángulo con el vértice hacia arriba. En el centro pon la cartulina y dibuja un triángulo igual al que forman las velas. En el centro pega una fotografía tuya bastante actual. Dibuja un círculo que toque las esquinas de la foto. Enciende las tres velas.

Pon sobre la cartulina y alrededor de la foto hojas de pino, canela y vainilla. Deja que se consuman las velas y piensa en ti misma y en lo que deseas. Luego recorta la fotografía y guárdala junto con las hojas de pino, la canela y la vainilla en una bolsita verde. Llévala siempre contigo.

14.
Para superar pruebas o exámenes

Material necesario

2 velas azules

2 velas amarillas

Pimienta roja

Granos de café

Romero

Hierba o césped

1 sobre amarillo

Preparación

Enciende las velas y colócalas formando un cuadra-do, las dos amarillas a tu izquierda y las azules a tu derecha. Pon en el centro el sobre amarillo. Introduce uno a uno el café, la pimienta, la hierba y el romero. Coloca el sobre entre tus libros y el material de estudios y tenlo siempre cerca de ti cuando vayas a estudiar.

15.
Para superar una ruptura o separación

Material necesario

2 velas de color azul	1 cuenco de barro
2 trozos de papel	1 cordel
1 pluma	1 tijera

Preparación

Escribe en un papel tu nombre completo. En otro trozo de papel escribe el nombrc de tu expareja. Ata con un cordel un papel y en el otro extremo el otro papel. Enciende dos velas azules y coloca cada una al lado de un papel. Corta con las tijeras el cordel que une los dos papeles. Luego ponlo todo en un cuenco de barro y quema con la llama de las dos velas los dos papeles y el cordel. Cuando se hayan consumido las velas, esparce las cenizas al aire libre, para soltar la energía y sentirte más liberada.

16.
Para liberarte del dolor físico

Material necesario

2 velas blancas

Espliego

Laurel

Clavo

1 objeto que simbolice tu dolor (medicamentos, etc.)

Cuarzo blanco

Tela blanca o una venda resistente

Preparación

Coloca dos velas blancas delante de ti y enciéndelas. Entre las dos velas pon un objeto que represente tu dolor (medicamentos, fajas, pastillas, una foto, etc.). Encima del objeto pon un cuarzo blanco. Envuelve el objeto y el cuarzo con un trozo de tela blanca o con una venda. Hazlo como si fuera un vendaje y, mientras lo haces, visualiza cómo tu dolor se alivia. Añade un poco de clavo, espliego y laurel y átalo todo como si fuera una bolsita. Deja que se consuman las velas y pon la bolsita a la luz del sol durante un día entero. Luego llévala siempre contigo para que absorba tu dolor y te libere de él.

17.
Para desenvolverte con éxito en público

Existe una serie de elementos que ayudan a tener éxito en público, sobre todo en los casos en que hay que hablar o exponer ideas ante otra gente. A continuación te doy una serie de ideas para que utilices antes de enfrentarte a una situación donde tengas que responder ante un público. Elige la que más te convenza.

Material necesario

Higos (secos o frescos)	1 taza roja
Café	

Preparación

Los higos, secos o frescos, y el café son dos alimentos que favorecen nuestra imagen para hablar en público; te recomiendo que los tomes antes de dar tu discurso. Su gran cantidad de energía te ayudará. Puedes tomarlos por separado (un café en una taza roja y además comer higos) o los puedes mezclar preparándote un pastel de café con higos secos.

AMULETO

Material necesario

2 velas amarillas	Ruda
Cuarzo	1 bolsita amarilla
Laurel	Hilo o cinta amarilla
Granos de café	

Preparación

Otra posibilidad es preparar un amuleto para llevar contigo durante tu exposición. En ese caso te recomiendo que enciendas dos velas amarillas y prepares un saquito como amuleto. En el saquito de color amarillo, debes colocar un cuarzo (del color que más te guste), unas hojas de laurel, ocho granos de café y un poco de ruda. Mientras lo haces, visualízate a ti en aparición pública teniendo un gran éxito. Átala con hilo amarillo y llévala contigo el día que tengas que salir ante el público.

Es recomendable que lleves algún objeto o te vistas con los colores rojo y amarillo o, si no, que lleves un objeto de oro. Estos dos colores simbolizan la fuerza y el éxito, por lo que te serán muy útiles en tu exposición.

18.
Para conseguir serenidad y buen ánimo

Material necesario

Aroma de lavanda

3 velas azul oscuro o

    marino

1 ramo de violetas

Menta

Hinojo

Romero

1 cuenco de barro

1 palo de mortero

Preparación

Perfuma el lugar donde vas a realizar el ritual con aroma de lavanda (con velas o agua de lavanda). Enciende tres velas azul marino y colócalas delante de ti formando una línea horizontal. Delante pon un pequeño ramo de flores violeta. En un cazo de barro pon unas hojas de menta, un poco de hinojo y romero. Con un palo de mortero pica las hierbas y ve añadiendo las flores de una en una a la mezcla. Haz esto mientras las velas se consumen. Cuando hayas puesto todas las flores y tengas una mezcla homogénea, apaga las velas y acércate a una ventana. Sopla sobre el cuenco de manera que la mezcla salga volando por la ventana y libere su energía.

Cada vez que sientas que te falta serenidad, vuelve a encender las velas y perfuma tu habitación con lavanda; verás cómo esta ambientación te devuelve la tranquilidad.

19.
Para superar las críticas de terceros

Material necesario

1 cartulina	1 pizca de sal
1 pluma azul	Mejorana
1 foto tuya o un objeto	1 topacio
personal	1 trozo de tela de color
4 velas rojas	blanco
1 vaso de agua	Cordón negro

Preparación

Coge una cartulina y coloca en el centro una foto tuya o un objeto personal que sientas que te simboliza en este ritual. Dibuja un círculo de color azul a su alrededor. Coloca cuatro velas rojas en las esquinas de la cartulina. En la parte de abajo, sobre la cartulina, pon un vaso de agua. A la izquierda pon unas hojas de mejorana. A la derecha coloca un topacio y arriba pon una pizca de sal. Concéntrate en verte como una persona fuerte a la cual no le afectan las críticas, sino que sabe utilizarlas para superarse.

Cuando las velas se hayan consumido coge la foto o el objeto y colócalo sobre un trozo de tela blanco, luego añade la sal, la mejorana y el topacio. Átalo con un cordón negro y llévalo contigo. Tira el agua por el inodoro.

20.
Para atreverte a expresar tus sentimientos

Material necesario

1 taza naranja

Eucalipto

Semillas de sésamo

Lapislázuli

Preparación

Prepara una infusión de eucalipto. Bébela en una taza de color naranja. Si no tienes una taza de ese color puedes atar una cinta naranja alrededor de una taza blanca. Mientras bebes esta infusión, haz un círculo con semillas de sésamo y pon en el centro un lapislázuli. Después bebe la infusión delante del círculo; cuando la hayas terminado, di en voz alta todo aquello que desearías expresar con más facilidad y no puedes. Busca en tu interior tus sentimientos y dilos. Verás cómo el eucalipto te da la libertad de poder hacerlo y que no es tan difícil; te sentirás liberada.

Lleva contigo el lapislázuli como un amuleto. Cada vez que te sientas oprimida por la dificultad para expresarte repite este ritual y verás cómo te sentirás mucho mejor.

21.
Para saber resolver un problema

Material necesario

Papel

1 pluma azul o negra

Hojas de eucalipto

Mejorana

Cuenco de barro

Cordel

Cerillas de madera

Preparación

Escribe en una hoja de papel cuál es tu problema. Coloca encima del papel unas hojas de eucalipto y un poco de mejorana. Enrolla el papel con las hierbas dentro. Cuando lo tengas enrollado átalo con un cordel. Colócalo dentro de un cuenco de barro y quémalo. Mientras ves cómo se eleva el humo, siente y visualiza cómo se evapora tu problema. Tira las cenizas por la ventana de forma que el viento libere su energía. Verás cómo te sentirás mucho más aliviada.

22.
Para atraer a una persona que te interesa

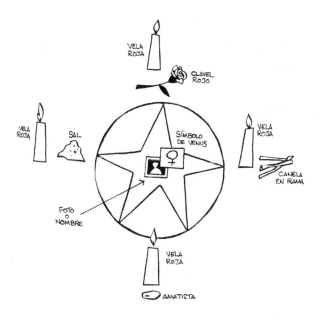

Antes que nada debes recordar que estos hechizos son de magia blanca, por lo que nunca servirán para ir contra la voluntad de una persona ni para obligarla a hacer algo que no desea. Si deseas atraer a una persona la magia obrará si esa persona está predispuesta hacia ti, si existe la química entre vosotros. Los hechizos siempre ayudan, pero la madre naturaleza es la que hace la mayor parte del trabajo.

Material necesario

4 velas rojas	1 clavel rojo
1 cartulina	Sal
1 pluma	Canela
1 foto de la persona que quieres atraer	1 amatista
1 trozo de papel	1 sobre, saquito, trozo de tela, etc.

Preparación

Dibuja en una cartulina una estrella de cinco puntas con el vértice hacia arriba. En el centro coloca una foto de la persona que deseas atraer (si no tienes ninguna, basta con que escribas su nombre). Haz un círculo que toque las cinco puntas de la estrella. Luego coloca las cuatro velas formando una cruz, una arriba de la cartulina, una a la izquierda, a la derecha y debajo. Enciende las velas con cerillas de madera.

Pon al lado de la vela de arriba un clavel rojo. Al lado de la de la izquierda pon un poco de sal. Al lado de la de la derecha pon un poco de canela (mejor si es en rama) y en la de abajo pon una amatista.

Dibuja en un trozo de papel el símbolo de Venus y ponlo encima de la fotografía. Visualiza cómo esa persona piensa en ti y se siente atraída hacia ti. Di en voz alta:

«A las fuerzas y los dioses de la eternidad pido
el amor de _____ y la felicidad».

Deja que se consuman las velas, recorta la foto y guárdala junto con el símbolo de Venus, la sal, la canela, el clavel y la amatista. Puedes guardarlo en un saquito, en un trozo de tela o en un sobre. Llévalo como amuleto.

23.
Para encontrar nuevos caminos vitales

Este ritual puede ser muy útil para aquellos momentos en que te sientes desorientada y no tienes claro qué es lo que deseas hacer. Una clienta vino a verme porque tenía que tomar una decisión laboral. Le habían ofrecido un nuevo empleo, donde tenía más posibilidades de desarrollo personal, pero le pagaban menos. Además se trataba de una empresa más pequeña y ella creía que era un descenso en su carrera laboral, pero a pesar de eso no se decidía a rechazarlo totalmente.

Enseguida me di cuenta de que su problema no era cuestión de tomar una decisión laboral, no se trataba de un problema concreto. Se trataba más bien de elegir un camino en su vida, decantarse por un tipo de vida totalmente diferente al que llevaba hasta ahora o seguir por el mismo camino. Por eso, le recomendé un hechizo para buscar su camino vital.

Material necesario

3 velas blancas

3 tulipanes (del color que más te gusten)

Hojas de eucalipto

Hojas de roble

Espliego

Cuarzo blanco

Tela blanca

Cordón negro

Preparación

Coloca tres tulipanes formando un triángulo. En el centro pon unas hojas de roble, unas hojas de eucalipto y un poco de espliego. Encima coloca un cuarzo blanco.

Enciende tres velas blancas y ponlas en los vértices del triángulo. Mientras las velas se consumen haz un rato de relajación y meditación. Coloca el cuarzo y las hierbas en un trozo de tela de color blanco y átalo con cordón negro. Llévalo contigo. Pon los tulipanes en tu habitación para que te recuerden los nuevos caminos que te abre la vida.

24.
Para liberarte de la angustia o ansiedad

Material necesario

Vela blanca

1 trozo de tela blanca

Romero

Hojas de olivo

Clavo

Mejorana

Hilo de cobre

Preparación

Enciende una vela de color blanco. Mientras se consume prepara un saquito protector con un trozo de tela blanco. En su interior coloca un poco de romero, unas hojas de olivo, clavo de olor y mejorana. Atalo con un trozo de hilo de cobre (puede ser un cable pelado o un trozo de alambre de cobre). Colócalo debajo de tu almohada cuando vayas a dormir. Apaga la vela y guárdala para encenderla cuando te sientas más agobiada por la angustia o la ansiedad. Verás cómo su luz te transmite serenidad y te libera.

25.
Para liberarte del cansancio

Material necesario

2 velas azules

Hierbas de espliego

Incienso

1 objeto personal tuyo

Preparación

Enciende un incienso. Coloca a cada lado una vela de color azul y enciéndelas. Coloca delante del incienso un objeto personal tuyo. Deja que se impregne con el incienso y el humo de las velas. Mientras, prepárate un baño y pon en el agua un poco de espliego. Báñate y deja que el aroma del espliego relaje tu cuerpo y te libere del cansancio. Luego apaga las velas y utiliza el objeto como amuleto contra el cansancio. Llévalo siempre contigo.

Repite este ritual cada vez que te sientas fatigada en exceso.

26.
Para sacar provecho de un viaje o excursión

La menta es uno de los elementos protectores ideales para los viajes y desplazamientos. Por eso en este caso te recomiendo que tomes una infusión de menta antes de hacer tu viaje o excursión. De esta manera te aseguras una protección para que todo salga bien y así poder aprovechar mejor esta alegre experiencia.

Además te sugiero que prepares un sencillo amuleto para llevar contigo:

Material necesario

1 trozo de tela blanca	1 piedra turquesa
Hojas de roble	1 moneda
Almendras	Cordón negro

Preparación

Coloca delante de ti un trozo de tela blanca. Pon encima unas hojas de roble, dos almendras, una piedra turquesa y una moneda. Visualiza tu viaje y a ti obteniendo el provecho que deseas de él. Ata la tela blanca, como si fuera un saquito, con un cordel negro.

27.
Para que los demás te entiendan mejor

Para este caso yo recomiendo realizar un hechizo de comunicación, ya que siempre que nos sentimos incomprendidos es debido a un problema de comunicación entre las dos partes: o nosotros no conseguimos expresar bien nuestras dudas y problemas, o los demás no están lo bastante atentos y receptivos para entender nuestros problemas. Todo se basa en la comunicación, por eso sugiero que realices este hechizo que sirve para mejorarla.

Material necesario

Incienso

2 velas rosas

1 objeto que represente la
    comunicación

1 amatista

Planta de albahaca

Preparación

Perfuma el ambiente donde vas a hacer el ritual con un poco de incienso. Luego enciende dos velas de color rosa. Entre las velas pon un objeto que para ti represente la comunicación (por ejemplo el teléfono, o lápiz y papel, la agenda, etc.). Al lado derecho, pon una piedra amatista y al izquierdo un poco de albahaca (mejor si la planta está viva).

Mientras se consumen las velas piensa en la comunicación que deseas mejorar y en todas las cosas que deseas decir y que no has dicho. Cuando se hayan consumido las velas guarda la amatista como amuleto y llévala contigo. Coloca la planta en un lugar donde favorezca la comunicación que deseas (al lado del teléfono, en la sala de estar, en la habitación, etc.).

28.
Para saber salir de una situación difícil

Material necesario

1 cartulina blanca	Hojas de eucalipto
1 pluma	Mejorana
1 vela blanca	Celo o cinta adhesiva
3 flores de azahar	

Preparación

Escribe en una cartulina tu nombre completo. Dibuja a su alrededor un triángulo y luego otro al revés, de manera que se configure un hexagrama o estrella de seis puntas. Alrededor del hexagrama dibuja un círculo.

Coloca arriba, por encima de la cartulina, una vela blanca y enciéndela. Encima de tu nombre pon unas hojas de eucalipto, tres flores de azahar y un poco de mejorana. Medita sobre la situación en la que estás y visualízate saliendo de ella y sintiéndote mucho mejor.

Dobla la cartulina por las esquinas, con cuidado de que no se caiga lo que hay encima. De esta forma quedará doblada como un sobre, pega las esquinas con celo, de forma que sea un sobre con las flores y hierbas dentro de él. Guarda la cartulina en un lugar donde no le toque la luz del sol (un armario, un cajón, debajo del colchón, etc.).

29.
Para resolver un problema familiar

Material necesario

2 velas verdes

1 vela blanca

1 lapislázuli

Jengibre

Hojas de roble

1 maceta con tierra

Semillas que puedan germinar en esa época del año

1 saquito de tela verde o blanca

Preparación

Coloca dos velas verdes y una blanca en una fila horizontal delante de ti, de manera que la vela blanca quede en el medio, entre las dos verdes. Delante de la vela blanca pon una piedra lapislázuli; delante de la vela verde de la izquierda pon un poco de jengibre. Frente a la vela de la derecha pon unas hojas de roble.

En frente del lapislázuli coloca una maceta con tierra y mientras se consumen las velas planta unas semillas (de una planta que te guste). Luego guarda en un saquito el lapislázuli, el jengibre y las hojas de roble y llévalo siempre contigo. Cuida la maceta y la planta porque simbolizan las raíces de tu propia familia.

30.
Para llevarte mejor con tu cuerpo

Es un hecho sabido que nuestro aspecto y nuestra relación con nuestro cuerpo influyen en nuestro estado de ánimo. Así como nuestras emociones se reflejan en nuestro físico. Yo creo que lo más importante para sentirte bien con tu cuerpo es sentirte bien contigo misma o contigo mismo. Por eso recomiendo este hechizo, para llevarte mejor con tu cuerpo, aceptarte tal y como eres y sacarle el mejor partido a tu físico, porque a todas nos gusta sentirnos guapas (y a todos); y muchas veces es más una cuestión de ánimo que de apariencia.

Material necesario

1 vela roja	Hojas de laurel
3 rosas rojas	Hojas de espliego
1 espejo	

Preparación

Enciende una vela roja, coloca delante tres rosas rojas y un espejo. A la izquierda coloca hojas de laurel y un poco de espliego. Mientras se consume la vela haz un rato de meditación y relajación. Luego prepárate un baño de inmersión y añade los pétalos de rosa, el laurel y el espliego al agua del baño.

31.
Para entenderte mejor

Material necesario

1 vela verde

1 vela blanca

1 amatista

1 cartulina

Hojas de menta fresca

Romero

Preparación

Enciende una vela verde y una blanca. Coloca entre las dos velas una piedra amatista. Delante de la piedra pon la cartulina y dibuja en ella un círculo. Pon dentro del círculo unas hojas de menta fresca y un poco de romero.

Con el aroma de las hierbas haz un poco de relajación y meditación. Deja que las velas se terminen de consumir, guarda la amatista y llévala contigo.

32.
Para solucionar una situación económica

Material necesario

1 vela amarilla	Sal
1 ramo de flores amarillas	Almendras
1 cuenco de barro	Jengibre
1 moneda o billete	

Preparación

Enciende una vela amarilla. Pon al lado de la vela un ramo de flores amarillas, que pueden ser del tipo que más te gusten. Delante coloca un cuenco de barro. Pon dentro del cuenco una moneda o un billete. Echa encima de la moneda un poco de sal, un poco de jengibre y unas almendras.

Di en voz alta:

«Alzo mi ruego a la inmensidad para pedir
abundancia y prosperidad».

Guarda el billete o moneda que has utilizado en este hechizo en tu billetero, pero aparte de los demás para no usarlo. Verás cómo, si lo conservas, su poder llamará a más dinero, que acudirá a llenar tu cartera.

33.
Para mejorar tus relaciones personales

Material necesario

1 vela naranja

1 trozo de tela rosa

Piel de limón

Canela

Hojas de albahaca

Pétalos de rosa

Cordón negro

Preparación

Enciende una vela de color naranja. Pon delante de la vela un trozo de tela rosa. Encima de la tela pon un poco de piel de limón seca, un poco de canela, pétalos de rosa roja y unas hojas de albahaca. Mientras colocas todos los ingredientes di una oración, o canta un mantra o algo que dé energía y te ayude a concentrarte.

Luego cierra la tela y átala con un cordón negro. Llévala contigo como un amuleto.

34.
Para liberarte de las malas digestiones y el dolor de estómago

Material necesario

Papel

1 cuenco de barro

Hojas de pino

Incienso

Clavo de olor

1 vela roja

Preparación

Coloca encima de un papel un poco de clavo, unas hojas de pino y un poco de incienso. Luego dobla el papel como si fuera un sobre y ponlo dentro de un cuenco de barro. Enciende una vela roja y con su llama prende cuidadosamente el papel con las hierbas dentro. Deja que se consuma totalmente. Coge las cenizas y tíralas por la ventana; deja que vuelen en el viento. Verás cómo su energía te libera de tus males.

35.
Para agradar y seducir a los demás

Material necesario

1 frasco de cristal	Canela
Hojas de laurel	Jazmín
Hojas de espliego	Alcohol de 96°

Preparación

Este hechizo debe hacerse por la noche, si es posible en un lugar desde donde puedas ver la luna.

Coloca en un frasco de cristal unas hojas de laurel, hojas de espliego, un poco de canela y unas flores de jazmín. Añade un chorro de alcohol de 96°. Déjalo macerar durante un mes.

Luego utiliza este perfume cuando desees agradar a alguien. Verás cómo sus resultados te sorprenderán.

36.
Para atraer la inspiración y la creatividad

Material necesario

1 vela verde

1 vela amarilla

1 trozo de tela verde

1 trozo de tela amarilla

1 objeto de madera

Pasas de uva

Hojas de té

Preparación

Enciende una vela amarilla y una verde. Prepara un saquito con un trozo de tela verde y un trozo de tela amarilla. Cose los dos trozos de tela, de forma que se vean los dos colores. Coloca dentro del saquito unas hojas de té, pasas secas y un pequeño objeto de madera.

Di en voz alta:

> **«Llamo a las fuerzas de la creación para que me den su inspiración».**

Luego ata el saquito con un cordón amarillo y uno verde. Colócalo en tu lugar de trabajo o donde realices tu actividad creativa; verás cómo te transmite su inspiración.

37.
Para encontrar tu vocación y llevarla adelante

Material necesario

2 velas azules	1 ramo de margaritas
1 piedra lapislázuli	1 poco de verbena

Preparación

Enciende dos velas azules. Coloca delante de las velas una piedra lapislázuli. Cubre la piedra con margaritas y echa por encima un poco de verbena.

Haz un rato de meditación y visualízate a ti misma realizando algo que te guste. Concéntrate en esa visualización y descubre tu deseo. Luego guarda la piedra y llévala contigo.

38.
Para aprovechar mejor tu tiempo

Material necesario

Tu reloj de pulsera

Mejorana

Hojas de olivo

Un poco de sal

Preparación

Coloca tu reloj de pulsera encima de la mesa. Dibuja alrededor de él un círculo con mejorana. Pon encima del reloj unas hojas de olivo. Luego echa por encima un poco de sal. Haz un rato de meditación y relajación. Luego lleva tu reloj en la otra mano durante un día. Verás cómo aprovechas mucho mejor tu tiempo.

39.
Para remediar los problemas respiratorios

Material necesario

Agua hirviendo

Hojas de eucalipto

1 vela roja

3 flores de jazmín

Preparación

Pon agua a hervir y luego échale hojas de eucalipto. Deja que su aroma invada y llene el ámbito donde vas a hacer el hechizo.

Enciende una vela roja. Coloca delante de la vela tres flores de jazmín. Concéntrate y visualiza cómo el poder curativo del eucalipto llena tus pulmones y libera tus vías respiratorias. Luego relájate y deja que la vela se consuma. Perfuma toda tu casa con aroma de eucalipto y verás cómo tu respiración mejora mucho.

40.
Impulso liberador personal

Material necesario

1 foto tuya	Hinojo
1 cartulina	Eucalipto
1 pluma	Romero
5 velas blancas	Cordel
Tijera	1 saquito de color verde
1 piedra amatista	Hilo de cobre

Preparación

Coge una foto tuya actual. Pégala sobre una cartulina. Luego dibuja a su alrededor una estrella de cinco puntas o pentagrama. Traza un círculo alrededor de la estrella.

Pon una vela blanca en cada una de las puntas de la estrella. Coloca encima de tu foto una piedra amatista. Echa por encima un poco de hinojo, unas hojas de eucalipto y un poco de romero.

Haz un rato de relajación y meditación absorbiendo los olores de las velas y las hierbas. Luego recorta tu foto y enróllala. Átala con un cordel. Después corta el cordel mientras dices en voz alta:

«Corto así mis ataduras para liberar mi vida futura».

Coloca luego la foto, la amatista, el hinojo, el eucalipto y el romero en un saquito de color verde. Átalo con hilo de cobre. Lleva contigo siempre este saquito liberador.

APÉNDICE

Guía para hacer tus propios sortilegios

Atrévete a ser hechicera

Toda bruja moderna que se respete acostumbra a tener sus propios sortilegios y hechizos personales, ya sea adaptando algunos del gran acervo de la magia ancestral y moderna, o creando combinaciones y pasos inspirados en sus conocimientos y experiencias. Estas son las dos palabras clave para iniciarse en el camino de la brujería personal:

Conocimientos basados en el estudio de los poderes de los distintos elementos planetarios y naturales.

Experiencias que tú misma debes adquirir, ensayando algunas variaciones de los hechizos básicos (por ejemplo, los que se dan en este libro) y probando nuevas combinaciones de los elementos rituales y talismánicos.

Disponer de esos recursos es importante, pero no suficiente. Es necesaria también una actitud positiva, que nos permita abrir nuestra mente y ejercer una imaginación consciente en la creación de los hechizos. Digo imaginación consciente, porque no se trata de inventarse improvisadamente cualquier cosa, sino de ejercitar nuestra creatividad paso a paso, teniendo siempre en cuenta las enseñanzas de la brujería y las condiciones de cada momento.

El brujo norteamericano Al G. Manning ha elaborado un método para ejercitar la imaginación creativa, que se divide en dos semanas:

1.ª semana.- Escoge un objeto cotidiano distinto para cada uno de los siete días de la semana. Por ejemplo, un lápiz, una cuchara, una taza, un rulero (rulo), un cuchillo, un pintalabios y un tubo de dentífrico. Cada noche concéntrate en observar detenidamente el objeto durante unos quince minutos, hasta ser capaz de visualizarlo mentalmente con todo detalle. Luego trata de imaginar cincuenta usos que puedas dar al objeto, tanto mágicos como prácticos o decorativos. Este paso es fundamental para desarrollar la imaginación creativa. Cualquiera puede imaginarse que una cuchara sirve para tomar un caldo, pero también puede formar parte de una escultura moderna, por ejemplo, o servir como palillo de una batería casera, o todo lo que puedas imaginar.

2.ª semana.- Expande el campo de tu imaginación de los objetos a las tareas y actividades cotidianas. Por ejemplo, cambia cada día el itinerario para ir al trabajo o para hacer la compra. Haz lo mismo con tus labores de cada día y todo lo que forme parte de tu rutina, como arreglar tu cuarto, ir al gimnasio o lavarte los dientes. Tal vez tus compañeros y familiares piensen que estás un poco rara, pero no sabrán que vas camino de convertirte en una bruja creativa.

TUS PRIMEROS HECHIZOS

Como en casi todas las cosas, en esto de la brujería conviene comenzar por lo más sencillo y lo más seguro. Por ejemplo, al ejecutar uno de los rituales o hechizos de este libro, agrega una vela de tu color favorito, o escoge en la guía del poder de los colores que encontrarás más adelante. También puedes agregar, en lugar de la vela, un objeto que consideres muy personal, o un poco del té, café o hierbas que luego beberás en una infusión.

Para iniciarte en los hechizos totalmente propios, te aconsejo empezar por rituales cuerpo-mente, utilizando la concentración, la respiración profunda, la visualización y las posiciones y gestos que te parezcan más apropiados. Puedes encender también una vela blanca, que siempre es de gran ayuda. Cuando hayas obtenido buenos resultados y sientas que has adquirido algo de creatividad mágica, puedes ir agregando y combinando nuevos elementos, pases más complicados, conjuros escritos u orales y dibujos de signos esotéricos, como el círculo, el triángulo, la estrella de David o la de cinco puntas (pentagrama).

Aunque la energía cósmica tiene sus leyes y los elementos mágicos sus propiedades básicas, el efecto y el poder de las vibraciones varían al entrar en contacto con el aura personal de cada quien. Por eso puede ocurrir que un hechizo con velas rojas que a mí me da excelentes resultados, a ti no te resulte satisfactorio. Tal vez debas reemplazar una de las velas por una de otro color que sea más afín a tu persona, o realizar unos pases de manos que ayuden a canalizar las vibraciones.

Poco a poco tendrás que ir ensayando y comprobando tus poderes particulares, y cómo se relacionan con los elementos de la magia moderna, como velas, colores, hierbas, flores, metales, inciensos, etc. Toda bruja acaba teniendo un toque personal, un estilo propio que caracteriza sus hechizos. A veces es algo tan simple como cambiar siempre un anillo de mano o incluir en todos los sortilegios unas hojas de menta. Como hemos dicho antes, depende de los conocimientos y la experiencia que vayas adquiriendo sobre los poderes y vibraciones de la hechicería y sobre ti misma como ejecutante de hechizos. Lo importante es la concentración, la exactitud, la perseverancia, la confianza en ti misma, y la fe en el poder de la energía del universo.

Los materiales de la bruja creativa

Para realizar nuestros rituales y hechizos necesitamos disponer de algunos instrumentos y materiales mágicos, imprescindibles para una bruja creativa. Conviene dedicar un armarillo de mesa, un secreter, un par de cajones, o una caja grande con compartimentos, para guardar esos elementos en orden, y fuera del alcance de miradas profanas. Por otra parte, el contacto con el aire y la luz puede alterar sus vibraciones o hacer que estas se dispersen, debilitando su poder mágico.

También debes tener una mesa ritual o «altar» para disponer los elementos que intervienen en cada sortilegio. Puede ser una mesa de madera pequeña, de forma rectangular, que cubrirás con un paño blanco de tela natural.

A continuación damos una lista del equipo básico aconsejable, a la que puedes ir agregando otros elementos, sin olvidar reponer siempre todos ellos.

LAS VELAS

Debes adquirirlas en una buena cerería, por cajas o por unidades. El tamaño más común es de aproximadamente un palmo de altura y unos dos centímetros de grosor. Las velas que vienen derretidas en un vaso o cuenco no son aconsejables para hechizos donde su color juegue un papel importante.

Las velas blancas son muy frecuentes en los hechizos, así como las rojas, amarillas, naranjas, verdes y azules. Algunos rituales y sortilegios lunares pueden requerir velas plateadas. Conviene tener un buen surtido de estos colores, ya que siempre es mejor trabajar cada vez con velas nuevas.

LAS PIEDRAS Y METALES

Se puede disponer de un ejemplar de las gemas y piedras de uso más frecuente, como el cuarzo, la amatista, el jade, un guijarro común, etc. Los metales pueden obtenerse en trozos pequeños o aprovechar objetos de uso, como joyas, adornos, e instrumentos de cocina o bricolaje (cucharillas, clavos, tuercas, cables, etc.). Los más frecuentes son el oro, la plata, el hierro, el cobre, y un importante mineral en polvo: la sal.

LAS HIERBAS SECAS

Habrá que disponer de una buena variedad de ellas para los hechizos que no exigen utilizar hierbas frescas o para hacer tisanas e infusiones. Incluiremos laurel, olivo, tomillo, mejorana, eucalipto, romero, etc.

LOS INCIENSOS

En varillas, en polvo, o en trozos de resina, este nombre incluye, aparte del propio incienso, el sándalo, la lavanda y otros aromas de hierbas o flores.

LOS INSTRUMENTOS DE TRABAJO

El equipo de la bruja moderna debe incluir unos instrumentos básicos, que tendrán gran utilidad y múltiples usos en la preparación y ejecución de los hechizos. En lo posible conviene que estos instrumentos se dediquen exclusivamente a este fin.

El incensario.- Un braserillo o cuenco en el que poder quemar los inciensos y otros elementos que deben arder en determinados hechizos. Algunas brujas disponen de un pequeño «botafumeiro» o brasero cerrado pendiente de unas cadenillas que permiten esparcir mejor el humo.

Tijeras y cuchillito o navaja suiza.- Especialmente útiles en la preparación de hechizos que incluyen papeles, cordeles, coronas y otros elementos de confección manual.

Cerillas de madera.- Imprescindibles, porque solo con ellas se pueden encender las velas e inciensos y quemar los conjuros u otros elementos que deben arder.

Cartulinas y papel reciclado.- De distintos tamaños, para dibujar los signos cabalísticos y escribir los nombres y conjuros.

Rotuladores y/o tizas.- Con los mismos fines que los anteriores, de color negro, rojo y azul.

Saquitos de tela y de piel.- Para guardar los amuletos y objetos talismánicos. Mejor si los haces tú, aunque también pueden ser comprados.

Aguja e hilo de coser.- Para hacer los saquitos antes o durante el hechizo, y otros múltiples usos que irás descubriendo.

Cordeles y lanas.- De distinto tipo, para trazar signos, anudar amuletos, confeccionar coronas de flores, etc. Si incluyes algunos cables eléctricos, te servirán también para pelarlos y disponer del metal conductor.

Pegamento.- Para confeccionar ciertos amuletos o pegar dos elementos del ritual, por ejemplo una foto sobre un signo dibujado.

El poder de los colores

C ada color del espectro solar tiene determinadas virtudes y propiedades, por lo que su presencia y sus vibraciones favorecen los asuntos que corresponden a ese color. En la magia moderna la energía de los colores se convoca por medio de las velas, flores, dibujos o paños y pañuelos que se utilizan en los distintos hechizos.

Los colores se dividen por su «temperatura» en cálidos y fríos. Los cálidos son magnéticos y simbolizan el sol y el fuego, como el rojo, el amarillo, el rosa y toda la gama de los naranjas. En general favorecen la vitalidad, la pasión, la fertilidad, la salud física, el éxito económico y los asuntos prácticos.

Los colores fríos son eléctricos y simbolizan la noche y el agua, como el azul, el violeta, el lila y el índigo. Sus vibraciones protegen los asuntos relacionados con la mente y el intelecto, el equilibrio, la serenidad, los sentimientos profundos y los aspectos místicos y espirituales.

Hay colores ambivalentes, que según su tonalidad pueden ser más cálidos o más fríos, como el verde y el marrón; y colores que participan de las dos temperaturas, como el magenta o el amarillo limón, escasamente utilizados en magia.

El blanco es la suma de todos los colores, y se utiliza con intensidad en la magia moderna, que también llamamos magia luminosa. Representa la pureza, la sabiduría y la claridad, y su presencia da fuerza y precisión a cualquier hechizo. Por eso se aconseja que la ejecutante lleve ropas blancas o claras.

El negro es la ausencia de color, la oscuridad. La brujería moderna lo utiliza a menudo en el cordel para atar los amuletos, por su poder contra la luz, y en algunos hechizos como oposición al blanco.

Veamos ahora las propiedades energéticas de los principales colores:

El amarillo domina las cosas materiales y favorece el éxito económico. También las inversiones, los juegos de azar, las compras y ventas, y la protección contra el robo y el desgaste.

El naranja fortalece la vitalidad y la vida plena y saludable. Es el color de los sentimientos intensos, de la salud, y de la superación de angustias y depresiones.

El rojo es un color muy poderoso, que reina sobre las pasiones y los impulsos. Favorece todo tipo de esfuerzos extraordinarios, ya sean mentales, físicos o espirituales, así como las relaciones apasionadas, el vigor sexual, la iniciativa, la constancia y la firmeza.

El rosa es el rojo original apaciguado y suavizado por el blanco. Es el gran protector del amor sincero y perdurable; participa de muchas de las virtudes del rojo, pero de forma menos impulsiva y más duradera.

El violeta es el primer color frío del espectro, y sus vibraciones benefician el equilibrio, la calma, la aceptación y la resignación positiva. Ayuda mucho en asuntos que requieren serenidad, comprensión y negociación entre las partes.

El índigo que también se denomina morado o malva, favorece el afecto familiar, las relaciones entre padres e hijos, las amistades, las relaciones laborales o sociales, el amor platónico y la madurez en general.

El azul es el color de la trascendencia, ya sea espiritual o mental, y de la capacidad intelectual y la creatividad artística. Protege los estudios y exámenes, los nuevos aprendizajes, la reflexión y la profundización de conocimientos. En sus tonos más claros beneficia también los asuntos espirituales y la consolidación de los sentimientos.

El verde con su ambivalencia entre el frío azul y el cálido amarillo, es un valioso complemento en casi cualquier hechizo. Por sí mismo favorece los asuntos que pidan comprensión y benevolencia de los demás. Su estrecha relación con la naturaleza protege la salud en general, los viajes y los deportes.

Otros colores habituales son el turquesa (azul y verde), el magenta (rojo y violeta), el marrón (rojo, amarillo y negro), y la amplia gama de los grises. En general no se utilizan en los hechizos, salvo que formen parte de un elemento natural, como flores y hierbas, o de un objeto escogido como talismánico.

CÓMO COMBINAR Y UTILIZAR LOS COLORES

Conviene que cada hechizo o sortilegio tenga una coloración dominante, cálida o fría, expresada en no más de dos o tres tonos, equilibrados con un toque de la temperatura opuesta y/o con un detalle blanco.

Las combinaciones de colores se utilizan para reforzar sus vibraciones afines o, por el contrario, para compensar sus fuerzas y poder canalizarlas mejor. El amarillo y el naranja se pueden reforzar con un detalle rojo, por ejemplo, o equilibrarse con una vela blanca o una flor violeta. Y no olvidemos que el verde siempre equilibra la temperatura cromática de un hechizo.

A partir de estas normas generales, debes ir probando cuáles son los tonos y combinaciones que mejor funcionan con tu propia aura y las tonalidades de tus vibraciones.

El poder de las flores y hierbas

Las flores, solas, en grupo, formando dibujos, ramilletes o coronas, son un elemento fundamental en muchos hechizos y a menudo bastan una vela blanca y la flor adecuada para obtener excelentes resultados.

En general las energías florales se relacionan con los sentimientos y las relaciones personales, aunque también con los poderes del color que tengan sus pétalos. Así, una rosa roja puede formar parte de un sortilegio para que alguien se apasione por nosotras, pero también apoyar con la fuerza de su color un hechizo destinado a favorecer un triunfo deportivo. Por eso debe cuidarse que el color de la flor o flores escogidas armonice o equilibre la tonalidad general del hechizo.

Con las flores de fuerte personalidad energética, como las que se citan más abajo, no deben hacerse combinaciones excesivas o que puedan neutralizarse entre sí. Por el contrario las pequeñas flores silvestres pueden mezclarse en variedad, ya que todas transmiten vibraciones semejantes.

Veamos ahora los principales poderes de las flores más utilizadas en la práctica de la brujería moderna:

La rosa es sin duda la reina de las flores y la que más se usa en distintos hechizos, incluso actuando con una sola flor o algunos pétalos. Esto se debe también a la variedad de sus coloraciones. Es la flor del amor, de la pasión y de los asuntos personales, aparte de su intensa vibración para favorecer los asuntos relacionados con su color específico.

La margarita es también una flor con grandes y variadas energías, que tiene la ventaja de ser muy común y accesible. Muy utilizada en la magia moderna, refuerza los rituales preventivos y hechizos protectores, beneficiando las nuevas relaciones, los viajes y situaciones de cambio.

La violeta es considerada una flor humilde y simple, pero en hechicería ostenta un gran poder para rechazar el Mal, vencer la adversidad, y encontrar el equilibrio en la relación consigo mismo y con los demás.

El clavel es el galán de los jardines y favorece asuntos de amor y seducción, así como protege a adolescentes y jóvenes. El de color rojo beneficia las pasiones; el rosa, los sentimientos; y el blanco, las relaciones platónicas o espirituales.

El azahar, o flor del naranjo, es la protectora tradicional de las novias y las parejas que inician su convivencia. Beneficia el entendimiento mutuo, el amor placentero y la reconciliación después de discusiones o enfados.

Las flores silvestres, utilizadas generalmente en ramilletes, sirven principalmente en rituales al aire libre relacionados con las energías planetarias y naturales, Aportan alegría, frescura y claridad a las vibraciones que toman contacto con ellas.

El poder de los metales y piedras

Los metales y piedras provienen de la corteza terrestre, y llevan en sí una gran carga de energía planetaria. Por su apego a la Tierra sus vibraciones tienden a la conservación, la solidez y la preservación, con una fuerza intensa y serena que transmite una gran seguridad. Son energías de protección y permanencia, que benefician tanto aspectos materiales (protección de la vivienda, asuntos económicos, compras y ventas, etc.) como personales (fuerza y salud, retención de afectos, consolidación de relaciones, etc.).

En general los minerales y metales actúan mejor sobre los asuntos físicos, como la salud, la fuerza y las cosas concretas; mientras que las piedras y gemas tienen más influencia sobre temas que tienen que ver con los sentimientos y con las relaciones personales.

Aparte de estas potencias generales de los materiales geológicos, cada uno de ellos posee determinadas energías que los caracterizan, y que favorecen aspectos concretos de nuestra vida o cierto tipo de temas y problemas.

Veamos los poderes básicos de los principales metales y piedras:

El oro, considerado el rey de los metales, domina todo lo relacionado con el poder terrenal y la riqueza material. Protege e impulsa todos los asuntos relacionados con el éxito económico, las finanzas y el dinero; así como el logro de cualquier tipo de poder o de ascenso hacia posiciones más altas. Conviene tenerlo presente en el hechizo por medio de un anillo u otra joya personal, acompañado siempre de una vela blanca.

La plata, metal femenino y lunar por excelencia, reina sobre los asuntos complejos y delicados, favoreciendo la inteligencia emocional, los sentimientos sinceros, la sutileza, el equilibrio espiritual, y todo lo relacionado con la sensibilidad romántica y el amor profundo y duradero.

El hierro es la fuerza, la determinación y la perseverancia; el gran metal de la Tierra, que nos transmite toda su solidez y su energía. En combinación con el fuego produce hechizos poderosos para protegernos y alentarnos en todo tipo de problemas difíciles, cuya solución exige la intensa participación de todas nuestras vibraciones positivas.

El cobre es dúctil y resistente, lo que le permite conducir y canalizar todo tipo de energías. Se dice que es el principal mensajero entre el manto terrestre y el cosmos, y que sus vibraciones ayudan a la comprensión, el entendimiento y los buenos acuerdos. Sus vibraciones favorecen todo tipo de relaciones, desde las amorosas hasta las comerciales, y también la relación con nosotras mismas.

El cuarzo es un mineral vítreo de muy especiales propiedades mágicas. Es muy apreciado como talismán y como componente de numerosos hechizos. Su sola presencia energiza todo el ambiente, y en su versión blanca favorece la espiritualidad y la sabiduría. En sus otras tonalidades incorpora las virtudes del color que lo tiñe, relacionándose poderosamente con los otros colores y elementos del hechizo.

La amatista es en realidad cuarzo cristalizado, al que su brillo y transparencia le dan cualidades de gema, muy utilizada en joyería.* No posee poderes tan intensos y variados como el cuarzo blanco o de colores, pero emite vibraciones muy sensibles que favorecen los asuntos amorosos y pasionales, así como los esfuerzos prolongados en busca de una finalidad afectuosa y generosa.

---

* En sus comienzos la joyería estaba muy relacionada con la magia, y hubo importantes brujos que simultaneaban ambas cosas. Han existido muchas joyas célebres por sus extraños poderes, tanto positivos como negativos, en razón del gran poder de la combinación de las piedras y metales que las componían.

LA MAGIA DE LA Bruja Moderna

El topacio es la piedra de la protección y la seguridad, muy usada como talismán en situaciones difíciles o inseguras, y para proteger viajes o preservar de las malas vibraciones a viviendas y negocios. Su color habitual es el amarillo, que si tiene tonalidades naranjas beneficia especialmente el amor, el bienestar y la salud. Con reflejos rojizos se torna más pasional, y más cerebral si los reflejos son morados.

El zafiro es considerado en joyería una piedra muy fina, y en la magia se utilizó siempre, aunque con cierto respeto por su ambivalencia y facilidad para cambiar de signo. Las brujas sabias llevan la gema por un mes en contacto con su cuerpo, antes de utilizarla en sus hechizos. Tanto en los sortilegios como usado como talismán, tiene gran poder para favorecer la buena suerte y el acierto en juegos de azar o asuntos inseguros.

La turquesa era muy apreciada por los hechiceros de la Antigüedad, y los aztecas la consideraban una piedra sagrada, cuyo poder reverenciaban. Sus reflejos entre el verde y el azul favorecen todo tipo de hechizos, y muchas brujas la llevan siempre consigo, engarzada en anillos, collares o pendientes. No conviene dejarla sola en la casa o en una habitación, porque tiene gran facilidad para embrujar los ambientes, no siempre de forma favorable.

El lapislázuli es una gema generosa y muy manejable, que se utiliza a menudo como «comodín» para reemplazar otras piedras o metales en hechizos sencillos. Su tonalidad azul beneficia tanto las relaciones sentimentales y personales como los asuntos relacionados con estudios y tareas intelectuales.

Epílogo

Aunque este libro termina aquí, no se trata de un final sino de un principio. He procurado verter mis conocimientos y mi experiencia para que puedas iniciarte en el difícil y maravilloso mundo de la magia moderna, destinada a difundir la luz, la alegría, el bienestar y la plenitud en un mundo amenazado por el deterioro de la naturaleza y de la vida humana.

En otras épocas difíciles, los seres humanos han recurrido a la sabiduría ancestral de brujas y hechiceros para conjurar a las fuerzas del caos y la degradación. Quizá en este arduo nuevo milenio sea necesario volver a la magia de siempre, para reconciliarnos con el poder astral y volver a vivir en equilibrio y armonía participando de la gran energía del universo.

Para ayudar a esta reconciliación planetaria no necesitas ser Nostradamus ni Walpurgis, por citar a dos brujos poderosos y célebres. Basta con que te acerques a la magia con humildad, y aprendas a utilizarla para mejorar tu vida, llenándola de amor, de serenidad y de alegría. Porque a los mundos y las civilizaciones los salvan las personas. Cada una, haciéndose más fuerte, más generosa y más feliz. Y todas juntas participando, consciente o inconscientemente, en la construcción de una nueva era de paz y de amor.

Al iniciar tu práctica como bruja moderna, procura seguir mis consejos con cuidado en el manejo de las vibraciones y con respetuosa y esperanzada fe en los poderes que desde hoy te acompañarán en tu vida cotidiana. No pienses que por tener conocimientos de magia serás superior al resto. Por el contrario, el contacto con la energía cósmica nos obliga a ser mejores personas y a utilizar nuestras nuevas fuerzas en favor de los demás.

Recuerda que la magia no es un fin en sí, sino un medio para mejorar tu vida y la de los que te rodean. Es imprescindible que abras tu mente, que pienses siempre en positivo, que puedas visualizar los sentimientos, problemas y angustias de los demás, que te comprendas cada vez mejor, que tu inteligencia llegue a lo más profundo y tu espíritu a lo más alto, y que nunca, absolutamente nunca, utilices tu nuevo poder con fines mezquinos, resentidos o vengativos. Las fuerzas del Mal también están en ti, y debes recurrir a la magia benéfica para arrojarlas para siempre fuera de tu ser. Cuando lo consigas, te asombrará comprobar hasta qué punto tus esfuerzos han valido la pena.

Y ya sabes:

**Este es el principio de un camino luminoso,
que vamos a recorrer juntas/os.**

Si deseas recibir información sobre las actividades de Montse Osuna (cursos, talleres, charlas, consulta, terapia, publicaciones, etc.), puedes encontrarla en:

www.montseosuna.com
contacto@montseosuna.com

ACOMPÁÑAME EN MIS REDES SOCIALES